¡DEJA DE CONTROLARME!

Qué hacer cuando la persona a la que queremos ejerce un dominio excesivo sobre nosotros

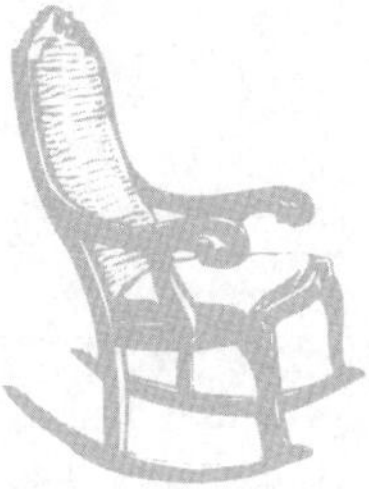

Richard J. Stenack

111

¡DEJA DE CONTROLARME!

Qué hacer cuando la persona a la que queremos ejerce un dominio excesivo sobre nosotros

Crecimiento personal
COLECCIÓN
Serendipity

Desclée De Brouwer

Título de la edición original:
Stop controlling me!
What to do when someone you love has too much power over you.
© New Harbinger Publications, Oakland, California, USA, 2004

Traducción: *Francisco Campillo Ruiz*

Diseño de colección: Luis Alonso

Henao, 6 - 48009 Bilbao
www.edesclee.com
info@edesclee.com

Impreso en España - Printed in Spain
ISNB: 84-330-2012-9
Depósito Legal: BI-2272/05
Impresión: RGM, S.A. - Bilbao

Esta obra la inspiraron los pacientes que buscaban tratamiento para abordar sus problemas de control. Al tiempo que recibían mi ayuda, también ellos me ayudaron a darle forma a mi propio pensamiento en este difícil ámbito. Me aportaron ideas y hallazgos como sólo podían venir de luchar diariamente con problemas relacionados con el control. A ellos va dedicado este libro.

ÍNDICE

PRÓLOGO

La información que aparece en este libro está basada en mis veinte años de ejercicio como terapeuta trabajando en cuestiones relacionadas con el control en el ámbito de las relaciones humanas. Mis pacientes eran personas que, tal vez como el lector, estaban batallando con alguna relación controladora. A medida que trabajábamos sus problemas, estos pacientes me brindaron numerosos hallazgos e intuiciones que prepararon el terreno para la redacción de este libro. Los ejemplos que presento proceden todos ellos de los casos individuales tratados en mi práctica clínica.

A medida que aumentaba mi comprensión del control, no dejaba de sorprenderme la amplitud del fenómeno y el alcance tan profundo de las raíces del problema. Me centraré aquí principalmente en el matrimonio y las relaciones de pareja, pero lo cierto es que el control puede aparecer en todo tipo de relaciones sin excepción. Los problemas relacionados con el control afectan igualmente a una amplia gama de personas.

Si el lector está viviendo dentro de una relación controladora, es importante que tome conciencia de que existen otras muchas personas como él. También es importante que tome conciencia de que el control constituye de hecho un *proceso* que se desarrolla entre las personas. No se trata de algo que suceda sin más. Los procesos pueden ser alterados. No estamos perdidos. Podemos hacer algo en relación con el problema.

En primer lugar hablaré de lo que puede haber contribuido a hacernos propensos a desarrollar una relación controladora. Describiré cómo se generan las relaciones controladoras, lo que hacen las personas para controlarse unas a otras, en qué consiste la vida dentro de una relación controladora y cómo liberarnos del control si ello es lo que decidimos que debemos hacer. Finalmente describiré algunas formas de evitar implicarnos nuevamente en una relación controladora —esto es, formas de romper el círculo del control. En relación con todo esto, es preciso comprender que aparecerán muchas excepciones a todo lo expuesto aquí. En definitiva, estamos hablando de seres humanos y los humanos entramos en una amplísima variedad de apartados.

He tratado igualmente de describir en qué consiste vivir libres del control y formar parte de una relación en la que el control no sea uno de sus elementos constitutivos. Si el control ocupa un primer plano dentro de nuestra relación, corremos el riesgo de llegar a la conclusión de que no existe otra alternativa. Lo que sencillamente no es cierto. Podemos desarrollar una relación que no esté basada en el control.

He organizado el material en el formato que habitualmente suele dar mejores resultados en la práctica real de la psicoterapia. El proceso es bien sencillo: toma de conciencia, comprensión, cambio y por último prevención. Con demasiada frecuencia los dos primeros elementos suelen olvidarse o pasarse por alto. He comprobado que el hecho de no prestar la suficiente atención a las fases del desarrollo de la toma de conciencia y de la comprensión dentro del tratamiento, sienta las bases para recaer. Antes de intentar levantar ninguna estructura, es preciso disponer de una base sólida. Los capítulos 1 y 2 están dedicados a favorecer la toma de conciencia, los capítulos 3 y 4 se concentran en la labor de generar una comprensión plena, los capítulos 5, 6 y 7 giran todos ellos en torno al cambio, y el capítulo 8 y último se concentra en el futuro y en cómo prevenir el riesgo de reincidir en una relación controladora. Nos encontraremos igualmente con algunos ejercicios, habitualmente al final de cada capítulo. Estos ejercicios tienen por objeto personalizar los conceptos previamente expuestos en los capítulos, ayudándonos a aplicarlos directamente a nuestra propia experiencia real.

INTRODUCCIÓN

A veces resulta difícil saber si estamos dentro de una relación controladora. Tal vez tengamos problemas dentro de la relación, pero no los hayamos contemplado desde esta perspectiva. La primera cuestión a dilucidar es si estamos o no dentro de una relación controladora. Lo que viene a continuación es una serie de preguntas encaminadas a ayudarnos a decidir por nosotros mismos. La respuesta a estas preguntas también nos ayudará a empezar a identificar los posibles problemas conductuales que pudieran existir dentro de nuestra relación:

—¿Nuestra pareja no confía en nosotros?
—¿Controla estrictamente el tiempo que pasamos al margen de ella?
—¿Nos acusa de hacer cosas a sus espaldas como, por ejemplo, tener una aventura?
—¿Controla estrictamente nuestro dinero?
—¿Nos pide cuentas de lo que gastamos?
—¿Nos minusvalora, ya sea cuando estamos a solas o bien delante de otras personas?
—¿Nos hace sentirnos unos estúpidos?
—¿Nos falta al respeto?
—¿Intenta evitar estar con nosotros?
—¿Hace cosas con otros amigos que no hace con nosotros?

—¿Ha dejado de esforzarse por hacer cosas divertidas con nosotros?
—¿Ya no nos sentimos como amigos con nuestra pareja?
—¿Ya no jugamos juntos con nuestra pareja?
—¿Tenemos la impresión de que el amor ha desaparecido de la relación?
—¿Nuestra pareja ya no nos presta atención?
—¿Nos da prácticamente por sentados?
—¿Nos ordena en lugar de pedir?
—¿Nos habla de una forma irrespetuosa?
—¿Le tememos a nuestra pareja?
—¿Nuestra pareja espera que pensemos igual que ella?
—Si nos mostramos en desacuerdo, ¿intenta hacernos cambiar de opinión?
—¿Descarta nuestras propias ideas?
—¿Está tratando de hacer de nosotros algo que no somos?
—¿Está intentando apartarnos de nuestros propios amigos y familiares?
—¿Critica a las personas cercanas a nosotros?
—¿Tenemos la sensación de estar compitiendo con ella y de que siempre nos toca perder a nosotros?
—Cuando nos sentimos felices, ¿trata de bajarnos los ánimos?
—¿No parece tomar en cuenta nuestros propios logros o bien los minusvalora de alguna otra forma?
—¿Tenemos la sensación de que jamás somos libres?
—¿Tenemos siempre la impresión de que debemos dar cuentas?
—¿Nos "peleamos" con nuestra pareja?
—¿Tenemos la impresión de que en realidad ella hace de progenitor y nosotros somos unos niños carentes de derechos?
—¿La intimidad ha desaparecido de la relación?
—¿Nuestra pareja es sexualmente exigente?
—¿Nos sentimos sexualmente minusvalorados por nuestra pareja?
—¿Nuestra pareja quiere "tener relaciones sexuales" en lugar de "hacer el amor"?
—¿Nos da sexualmente por sentados?

—¿Pensamos a veces en ella como en un extraño?
—¿Nuestra pareja nos intimida?
—¿Ha llegado en alguna ocasión a la violencia con nosotros?
—¿Se muestra odiosa cuando estamos con nuestros propios amigos o familiares?
—¿Obstruye nuestros propios esfuerzos por educar a nuestros hijos?
—¿Manipula a nuestros hijos en contra de nosotros?
—¿Alguna vez nuestros hijos han tratado de dominarnos sirviéndose de algunos métodos similares a los que utiliza nuestra pareja?
—¿Nos enfadamos con nosotros mismos para apaciguar a nuestra pareja?
—¿Nuestra pareja dispone de un repertorio de miradas y gestos capaces de atemorizarnos?
—¿Existen algunas "expectativas" que sentimos que tenemos la obligación de cumplir, o de lo contrario...?

La lista no es exhaustiva –existen muchas más preguntas de este tipo que podríamos formular– pero si vemos que nuestra respuesta suele ser "sí", podemos estar razonablemente seguros de que nuestra relación es de una naturaleza controladora. El propósito de este libro consiste en ayudarnos a erradicar el control como un factor interviniente en nuestra relación. Puede que la única forma de llevar esto a cabo sea dando por terminada la relación, o también puede que sea posible introducir cambios significativos en la relación. En cualquiera de los dos casos, si la erradicación del ciclo del control es nuestro objetivo, entonces este libro puede ser de utilidad.

1

CÓMO SE SENTARON LAS BASES DEL CONTROL

¿Por qué dejamos que alguien nos controle? En el centro mismo del problema yace la propia sensación de inseguridad, la falta de fe en nuestro propio visto bueno. Si necesitamos que otra persona nos dé el visto bueno, tenemos un problema. Le estamos dando a la otra persona un poder excesivo en relación con la imagen que tenemos de nosotros mismos. Nos estamos colocando en las condiciones óptimas para que nos controlen.

La propia falta de valoración también está a la base del intento de controlar a otra persona. Las principales características del controlador son la inseguridad y el miedo al abandono.

La sensación profunda de inseguridad puede desarrollarse de diversas formas. Suele iniciarse en la niñez y dentro del entorno familiar, pero existen excepciones a ambos casos. Se desarrolla sobre la base de una serie de creencias falsas y se ve acrecentada por la necesidad de aceptación. Para comprender el fenómeno del control, es preciso comprender el proceso que genera esta sensación interna de inseguridad.

Cómo se desarrolla la inseguridad

"Por favor, no me diga que odio a mi madre". Esta fue la primera declaración que hizo una mujer cuando estaba a punto de iniciar su terapia. No tiene nada de sorprendente. Hubo un tiempo en que a las personas que entraban en terapia se las alentaba a culpabilizar a sus padres de todos sus problemas, como si los padres fuesen plenamente responsables de todo lo que hicieron y de todas las decisiones que tomaron. Tal vez el primer paso debería consistir en dejar tranquilos a los padres, al menos hasta cierto punto. Si bien es importante comprender el papel que desempeñaron nuestros padres en nuestra forma de pensar y de relacionarnos con el mundo, también debemos comprender los límites de dicha contribución y dónde comienza nuestra propia responsabilidad respecto de nuestra propia vida.

No nacimos como una pizarra en blanco, limpia, vacía y apta para escribir en ella las primeras letras. Vinimos a este mundo con lo que podríamos llamar un "equipo de nacimiento". Este equipo incluía cosas tales como los rudimentos de una personalidad susceptible de ir definiéndose progresivamente, cierto potencial intelectual y toda una serie de inclinaciones y predisposiciones. Éstas pueden haber incluido determinados rasgos como, por ejemplo, la timidez o la osadía, la simpatía o la frialdad, la agresividad o la medrosidad, y la tendencia a cosas tales como la diabetes, la destreza atlética, la torpeza física, el alcoholismo, la depresión, la ansiedad y demás.

Pero no nacimos con una falta innata de autoestima. No existía la menor inclinación natural a cuestionarnos a nosotros mismos, ni a cuestionar nuestras capacidades ni nuestra valía. Tal vez algunos de nosotros nos aproximemos a la vida de una forma muy tentativa y con una enorme precaución, pero ello no constituye necesariamente un signo de desconfianza en uno mismo. Un niño no se cuestiona de forma natural su valía personal. Los niños nacen aceptándose a sí mismos en su totalidad por lo que son. No se cuestionan a sí mismos. Todos los niños nacen con la actitud de Popeye, el personaje de dibujos animados. Todos comienzan con el sencillo planteamiento de "Soy lo que soy". El fenómeno de la desconfianza en uno mismo debe ser introducido por alguna otra persona. A los niños hay que enseñarles a que se cuestionen a sí mismos.

Los padres no son perfectos

Los padres no suelen acercarse a la cuna de su hijo y decir: "Vamos a fastidiar a este". Pero tampoco existe ningún padre que haya hecho una labor perfecta en lo referente a educar a sus hijos. De hecho, la idea de los padres perfectos no es sana. La supermadre sólo conseguirá intimidar a su hija y hacer que se sienta una fracasada, al margen de lo que haga. También hará que a su hijo le sea imposible encontrar a una mujer que pueda estar a la altura de las excelencias de su madre. Obviamente, otro tanto se puede decir del superpadre. ¿Cómo puede enfrentarse un niño al hecho de tener un padre que nunca se equivoca y siempre encesta cuando lanza a canasta jugando al baloncesto? ¿Cómo puede darse a sí mismo el visto bueno cuando crece observando lo que percibe como un padre inalcanzable? ¿Y cómo puede una mujer encontrar en el mundo real a un hombre tan bueno como el padre idealizado que siempre la llamaba su "princesita"?

En el transcurso de la educación de los hijos a veces se cometen errores, y a veces estos errores tienen consecuencias de larga duración. Así es la vida. Es una verdad molesta que los seres humanos somos imperfectos, pero una gran parte de la esencia de la serenidad consiste en aprender a aceptar este hecho ineludible. Uno de los aspectos más frustrantes de nuestra cultura es nuestra persecución fútil de la perfección. En el caso de un niño, la difícil tarea que tiene por delante consiste en aprender que los padres son de hecho unos seres humanos.

Cuando éramos pequeños, probablemente dimos por supuesto que nuestros padres eran perfectos y que nosotros teníamos la culpa de todos los problemas. ¿Por qué? Necesitábamos disfrutar de la sensación de seguridad que procedía de confiar plenamente en las capacidades de nuestros padres. Recordemos de cuán pocos datos disponíamos para salir adelante y cuán dependientes éramos de nuestros padres a la hora de intentar extraer algún orden del caos aparente. Además, dado que todo lo aprendido en nuestros primeros meses de vida procedía de ellos, la creencia de que lo sabían todo era absolutamente natural. Así llegamos a definir palabras tales como *hombre, marido* y *padre* observando al macho gigante. A él recurrimos para definir al *macho normal*. Y, por supuesto, llegamos a la comprensión de palabras tales como *mujer, esposa* y *madre* observando a la hembra gigante, lo que desembocó en una definición de la *hembra normal*. Ello significa igualmente que si nuestra madre o nuestro padre tienen problemas, puede que hayamos incorporado estos problemas en nuestro concepto de lo que es normal.

Para complicar todavía más las cosas, nuestros padres también fueron en otro tiempo unos niños pequeños observando a sus propios padres y tratando de comprender y de definir la palabra *normal*. Pero, dado que no fueron educados en el mismo hogar, sus experiencias eran diferentes, lo que significa que pueden haber extraído suposiciones diferentes acerca de lo que es normal. A su vez, esto puede haber derivado en unas concepciones diferentes acerca de su relación conyugal y de cómo educar a los hijos. Tal vez llegaran al matrimonio sin comprender que tenían diferentes conceptos de lo que es *normal* y comprobaran inesperadamente que sus posturas estaban reñidas.

Chico encuentra chica

Supongamos que un niño ha nacido en un hogar con muy pocas demostraciones de afecto. El niño crece sin abrazos y sin cariño. El niño define un hogar normal como un hogar tranquilo y reservado. Supongamos que una niña nace en un hogar donde existen grandes cantidades de emoción, donde el amor se expresa abiertamente y de forma natural, y donde la agresividad se expresa de una forma tan abierta y espontánea como el amor. A los problemas se les busca una solución desde el momento mismo en que aparecen y a continuación el entorno emocional espontáneo vuelve a estar lleno de amor. Supongamos que estas dos personas llegan a la adultez, se enamoran y se casan. Probablemente no pasará mucho tiempo antes de que descubran que existen entre ambos algunas diferencias fundamentales. Enfocarán la vida familiar desde muy distintos ángulos y tendrán que esforzarse por intentar llegar a una definición conjunta de lo que constituye una relación normal, o de lo contrario tendrán problemas.

Cuando empiezan a venir los hijos, la pareja puede descubrir que sus ideas acerca de lo que significa ser padres, sobre la base de las experiencias que tuvieron cuando ellos mismos eran unos niños, son muy diferentes. Ello sienta las condiciones perfectas para la aparición de los conflictos en la vida matrimonial y en la educación de los hijos, en donde ambos padres piensan que están haciendo lo correcto, o lo normal, aunque estén en desacuerdo. Tal vez se dediquen a intentar cambiarse el uno al otro, dado que su actitud les parece equivocada. El resultado: más conflictos.

Imaginemos a un niño esforzándose por dilucidar lo que es normal en un contexto de tales características. En todas estas posibles contradicciones y mensajes conflictivos dentro del entorno familiar, hay muchísima cabida para la confusión y la extracción de falsas suposiciones.

Tal vez lo asombroso es que la mayoría de nosotros logremos salir de la niñez tan bien parados. Pero pocos llegamos a la adultez sin ninguna cicatriz.

La inseguridad y el miedo al rechazo

Pensemos ahora en un adulto que se siente muy inseguro. La persona insegura es con mucha diferencia la que más le teme al rechazo. Si nuestra inseguridad se basa en la creencia de que algo va mal dentro de nosotros, o de que somos inferiores en algún otro sentido, interpretaremos el rechazo como una confirmación de dicha inferioridad. Para evitar que la inferioridad pueda ser confirmada por alguna otra persona, haremos todo lo que esté en nuestra mano por evitar que nos rechacen.

¿Cómo evitamos el rechazo? Existen muchas posibilidades, pero la forma más sencilla es no manifestando nada que pueda dar lugar al rechazo. Ello significa, por encima de cualquier otra cosa, no mostrar cómo nos sentimos –o incluso no dar a entender que sentimos algo. En el ámbito de las situaciones amenazantes, lo menos amenazante dentro de los límites del miedo al rechazo consiste en revelar lo que *sabemos*. Podemos tener una información equivocada y no por ello ser un desastre como personas. Revelar lo que *creemos* puede ser más arriesgado. Lo que creemos se acerca más al fondo, pero las creencias pueden ser erróneas y pueden ser modificadas. Ahora bien, la forma como nos *sentimos* revela nuestro fondo. Nuestros sentimientos revelan lo que somos. Si desconfiamos de nosotros mismos, la forma como nos respondan los demás puede llegar a adquirir demasiada importancia. Si, por ejemplo, revelamos nuestro amor y éste es rechazado, podemos sentirnos heridos en el centro mismo de nuestra propia identidad.

Lo cierto es que la mayoría de nosotros tenemos algún que otro miedo al rechazo, de igual modo que tenemos cierto miedo de algún tipo al dolor o a las experiencias dolorosas. Dado que venimos imperfectos a este mundo, tendremos ciertas áreas de sensibilidad que nos ocuparemos de proteger. Por ejemplo, un niño puede decirle a sus compañeros de clase que no se ha preparado un examen cuando de hecho sí estudió. ¿Por qué miente? Por disponer de un seguro emocional. Sabe que, en el caso de que sacara una mala nota, le resultará menos vergonzoso si sus compañeros de clase están convencidos de que no estudió.

La mayoría de las personas son cautelosas a la hora de manifestar sus emociones. Pero si experimentan una sensación grave de inseguridad, las defensas que se construyen adquieren una importancia excesiva y la ocultación de lo que llevan dentro se convierte en un elemento demasiado crucial en su trato con los demás. Pueden incluso llegar a evitar experiencias verdaderamente importantes como, por ejemplo, amar. Si amar a otra persona significa darnos por completo, el que rechacen nuestro amor significa que nos rechazan a nosotros mismos en su totalidad. Y constituye igualmente la más dolorosa de las experiencias. Pero podemos evitarlo no amando jamás verdaderamente a nadie. Podemos casarnos e incluso disfrutar de una magnífica relación conyugal sin haber asumido jamás el riesgo de amar verdaderamente a otra persona.

Existe otro problema adicional inherente al hecho de amar. No es posible amar verdaderamente a otra persona sin confiar. Y confiar significa volvernos vulnerables. Tal vez esto pueda sonar archisabido.

Nos resulta más fácil pensar en la confianza como en algo que una persona transmite a otra: "Sé que mi pareja no me engañará jamás". Pero existe otra forma de contemplar la confianza. Tiene más que ver con el convencimiento de que nuestra pareja no hará conscientemente nada que pueda herirnos, con saber que podemos volvernos muy vulnerables ante nuestra pareja.

Otro problema adicional inherente al hecho de amar es que, antes de que dos personas puedan amarse plenamente, primero deben rendirse el uno al otro. Y ello significa ser capaces de comunicarse las debilidades, los miedos y, por supuesto, las inseguridades o incapacidades. Sólo cuando nuestra pareja conoce nuestras vulnerabilidades y nosotros conocemos las vulnerabilidades de nuestra pareja, podemos ambos ocuparnos de protegernos mutuamente frente al exterior. A fin de cuentas, se supone que el matrimonio tiene que ver con ayudarse, y no con competir. Imaginemos a dos personas que están juntas y rodeadas de todos los monstruos más temibles de este mundo. De haber niños de por medio, se echarán a los pies de los padres, donde estarán a salvo. La cosa más tonta que estas dos personas pueden hacer, cuando los monstruos están a punto de atacar, es ponerse a pelearse el uno con el otro. Esta es la razón de que la cooperación, y no la competición, sea lo que supuestamente debe ser esencial.

De sentirnos inseguros a tener miedo de amar no hay más que un paso. Necesitamos confiar enormemente en nuestro propio amor, y en la persona que quiere amarnos, para volvernos vulnerables a dicha persona. Si nuestra sensación de inseguridad es mayor que el amor por la otra persona, tal vez no seamos capaces de superar las defensas que nos hemos construido y permitir que se genere la vulnerabilidad.

Cómo afecta la inseguridad a la educación de los hijos

Son muchos los adultos que experimentan una sensación grave de inseguridad y sin embargo continúan siendo plenamente capaces de amar a sus hijos. Ello es así por muchas razones. Una de ellas es que los hijos inician su vida totalmente indefensos y dependientes de ellos. A una persona insegura, un bebé puede parecerle el único ser humano en todo el planeta que no parece suponer ninguna amenaza. Desgraciadamente, existen igualmente algunos adultos que se sienten amenazados por cualquiera que se acerque demasiado, y a los que tal vez les resulte difícil establecer una relación amorosa normal incluso con sus propios hijos.

Para ejemplificar lo diferentes que pueden ser las circunstancias y las reacciones, imaginemos lo siguiente: Un hombre puede sentirse amenazado por sus hijos desde el momento mismo en que éstos nacen. Las exigencias de darles de comer, ayudarles a eructar, cambiarles los pañales, bañarlos y cuidar de ellos –en definitiva, criarlos– pueden resultarle excesivas. Tiene miedo de no hacerlo lo bastante bien, de no ser capaz. Y por esta razón se aparta de ellos desde un principio. Otro hombre puede ser muy cariñoso con su hijo cuando éste es un bebé o está dando sus primeros pasos, pero a poco que el hijo empieza a cuestionarle y desobedecerle, de repente se siente amenazado. Llegado a este punto, puede optar por evitar a su hijo en lugar de admitir que no sabe hacer valer su autoridad o afrontar las dificultades. Un tercer padre puede ser muy cariñoso con sus hijos hasta que éstos llegan a la adolescencia, pero cuando empiezan a desafiar su autoridad, reaccionará volviéndose más distante. Este padre interpreta la conducta de sus hijos como un ataque personal y la retracción es la única defensa que conoce.

Los ejemplos anteriores no atañen a la situación en la que dos progenitores inseguros tienen diferentes ideas acerca de cómo educar a los hijos. Los adultos inseguros que se encuentran en semejante situación pueden renunciar a su condición de padres en cualquier momento, en un esfuerzo por evitar el rechazo de sus hijos.

Cómo crece la inseguridad dentro de los hijos

Los hijos necesitan el amor y la aprobación incondicionales de sus padres y cuando no lo obtienen puede desarrollarse en ellos el germen de la inseguridad. Algunos hijos carecen de la relación acogedora de uno de los progenitores, pero la reciben del otro. Ahora bien, existen igualmente hijos que nacen en hogares donde ambos padres son incapaces de brindarles el amor y la aprobación que tanto necesitan. La falta de amor y de aprobación se convierten en parte integrante de su definición de lo que es normal, de lo que es una relación conyugal, de lo que es ser padres, de lo que es un hombre y una mujer, y así sucesivamente, en sus esfuerzos por definir la naturaleza de la vida misma. Ello también puede afectar igualmente a la forma como se definen a ellos mismos. En algún lugar dentro de sí mismos comienzan a caer en la cuenta de que: "Si mis propios padres no me quieren, debe haber algo verdaderamente monstruoso en mí. Debo ser un desastre de persona, porque lo único que sé acerca de la vida es que esos gigantes son perfectos y siempre llevan la razón".

Recordemos que existe en los hijos la necesidad de creer que sus padres tienen todas las respuestas. Es con la llegada de la adolescencia, con el ejercitamiento de los músculos mentales del razonamiento abstracto, cuando comienzan a cuestionar este supuesto. Pero incluso entonces preferirían de hecho estar equivocados. La red de seguridad de los padres perfectos hace la vida más agradable.

Muchos padres malinterpretan lo que está sucediendo cuando sus hijos adolescentes empiezan a cuestionarlos. Los hijos pueden actuar como si sus padres no supiesen nada, intentar burlar y manipular a sus padres, tratar de convencerse a sí mismos de que son ellos, los hijos, quienes tienen todas las respuestas; pero en el caso de que comiencen a ganar esta batalla, se sentirán cada vez más infelices. De hecho se vuelven más temerosos. Lucharán contra sus padres con todo lo que tengan a su alcance, pero cuando pierden la batalla serán los más felices. ¿Por qué? Pensemos en lo atemorizante que sería la vida si realmente no tuviésemos a ninguna otra persona con la que contar salvo nosotros mismos. A un nivel profundo, los adolescentes saben que no tienen todas las respuestas, saben que todavía no son autónomos y que no pueden desenvolverse en el exterior por sí solos. De modo que, a fin de sentirse seguros y a salvo, deben perder la batalla contra los padres y contra la autoridad.

Pero la inseguridad puede desarrollarse aun en el caso de que un hijo sea bien querido. Hay niños que son queridos por ambos padres y al llegar al instituto, por ejemplo, experimentan un rechazo tan grave por parte de sus iguales que su inocente creencia en su propio visto bueno se resiente profundamente. Ello puede deberse a algo sobre lo que no tienen ningún control, algo que no tiene nada que ver con su ser interno. Pero ahí están ellos, tratando con todas sus fuerzas de definir lo que es normal, y algo fuera de la familia inmediata empieza a cuestionarles su propia normalidad. Y los padres, por lo general, tienen poca o ninguna influencia sobre esto. Los padres disponen de muy pocas teclas que poder tocar para cambiar lo que sucede fuera de casa.

En los casos más extremos, los hijos pueden experimentar algún tipo de vivencia traumática como, por ejemplo, una agresión y salir de la experiencia sintiéndose responsables de lo sucedido. Piensan que existen unas razones lógicas y personales para todo lo que les sucede y no es frecuente que culpabilicen a los demás, especialmente a los adultos. El trauma de este tipo puede derivar en unos problemas muy serios, pero no es preciso llegar a estos niveles traumáticos para despertar la vivencia de inseguridad.

Tipos de personalidad: los Dadores, los Tomadores y los Frigoríficos

Cuando los hijos sienten el rechazo, disponen de varias opciones para afrontarlo. A veces intentan contraatacar en base a volverse extraordinariamente agradables y generosos. El planteamiento es: "Si les quisiera con más fuerza, si lo hiciera mejor, si hiciera más de esto o de aquello, entonces recibiría seguramente el amor y la aprobación que tanto necesito". Están convencidos de que los padres o las demás personas del exterior son perfectos y de que de algún modo son ellos los que no están a la altura de las expectativas. En la medida en que crean que el problema está dentro de ellos mismos, seguirán atrapados en la espiral de seguir esforzándose por complacer. Lo intentarán cada vez con más fuerza, sin obtener ningún resultado. Cuanto más lo intenten y no obtengan resultados, más se convencerán de que algo va mal dentro de ellos mismos. Gradualmente estas personas van convirtiéndose en lo que yo llamo unos *Dadores*.

Otros aceptan la inferioridad subjetivamente percibida como parte integrante de lo que realmente son. Estos hijos pueden rebelarse y rechazar a su vez a sus padres, a sus iguales, o a quienquiera que no les acepte. Si están convencidos de que no pueden mejorar lo bastante como para llegar a satisfacer las expectativas externas, tal vez renuncien sin más a seguir intentándolo. En ese caso advierten que la atención negativa es mejor que la ausencia de atención. Pierden la motivación y gradualmente desarrollan la actitud de: "Tomaré todo lo que esté a mi alcance". En otras palabras, para afrontar la inseguridad se convierten en unos *Tomadores*. Con frecuencia, el "todo lo que esté a mi alcance" se desplaza de la atención emocional a las cosas materiales. Los padres inseguros pueden ofrecer un pacto amoroso materialista porque ello no les supone ninguna amenaza. En lugar de amor, dan cosas materiales y los hijos aceptan el trato. Esto puede derivar en una orientación puramente materialista.

Otros hijos se vuelven retraídos, tratan de esconder su emotividad, tratan de vivir sin emociones o sin la necesidad de sentir. Pero esta estrategia se convierte gradualmente en una vía de doble dirección. Aprenden a no sentir nada o a no necesitar ninguna emoción por parte de los demás, pero también aprenden a no dar emociones o a no comprender que existe la necesidad humana fundamental de dar cosas a los demás, y especialmente amor. Esta estrategia equivale a construir un muro de un kilómetro de alto y un kilómetro de ancho, sin ninguna puerta que permita que nadie pueda entrar ni que uno mismo pueda salir. Nos sentimos muy seguros detrás de un muro de tales características. No existe posibilidad alguna de dolor ni de que nos rechacen. Pero también estamos muy solos. Estos niños se convierten en las persona más tristes de todas, porque ni tan siquiera saben lo que se están perdiendo; únicamente intuyen que se están perdiendo algo. Se vuelven totalmente inconscientes de lo que se están negando de los demás; tan sólo intuyen que hay algo en ellos falto de realización. Sus vidas están vacías, pero no entienden este vacío. Parecen normales vistos desde fuera, pero interiormente son fríos. Gradualmente estas personas se convierten en lo que yo llamo unos *Frigoríficos*.

Algunos niños que experimentan el rechazo en sus familias de origen todavía logran salir bien parados. Quizás visitan a los amigos y observan cómo éstos se relacionan con sus padres y hermanos y advierten que su entorno familiar no es el único posible. Aprenden que no necesariamente tienen que asumir la responsabilidad de la falta de amor y de atención de sus propios padres. Aprenden que no tienen por qué juzgarse a sí mismos por lo que los demás piensen de ellos. Aprenden que únicamente tienen que juzgarse por lo que ellos piensen de sí mismos y que el principal reto de juzgarse a uno mismo consiste en ser lo más exactos u objetivos posibles. A éstos yo los llamo las *Personas Justas*.

Estos grupos no están claramente delimitados. Son simplemente modelos de personalidad que pretenden ayudar a comprender cómo actúan las personas y por qué. Pensemos en ellos como personas que manifiestan ciertas pautas de conducta. Los Dadores tienden a transmitir cosas, de ellos mismos a los demás. Los Tomadores tratan de conseguir cosas de los demás. Los Frigoríficos renuncian a cualquier intercambio. Las Personas Justas tratan de asegurarse de que las cosas fluyan entre ellos mismos y los demás.

Imaginemos una escala que midiera el dar y el tomar. El altruismo, el desinterés total, ocuparía uno de los extremos y el egocentrismo total el otro. Cuanto más Dadores seamos, más cerca estaremos del extremo altruista de la escala. Cuando más Tomadores seamos, más cerca estaremos del extremo egocéntrico. Los Frigoríficos y las Personas Justas están más cerca de la mitad de la escala, pero mientras que los Frigoríficos tienden a retraerse, las Personas justas tienden a implicarse intensamente en el intercambio.

Nadie queda reflejado de una forma pura en una única categoría. Existen elementos del Dador, del Tomador y demás en todo el mundo, incluso entre la gente muy segura. Puede que seamos una combinación de Tomador y Frigorífico. La mayoría de los Dadores suelen esperar algo a cambio de sus dones. Existen Frigoríficos que empezaron siendo unos Dadores y se sintieron tan heridos, con tanta frecuencia y/o tan profundamente, que cerraron herméticamente sus corazones con objeto de evitar el dolor, pero no han renunciando por completo a sus rasgos de Dadores.

La capacidad de resistencia de las falsas creencias

Esta es una declaración habitual que escucho en psicoterapia: "En mi cabeza sé que soy una persona valiosa, pero de algún modo no acabo de creérmelo". Existe una diferencia entre pensar con el cerebro (lógica) y pensar con el corazón (emoción). De algún modo las creencias erróneas penetran en el corazón y es muy difícil erradicarlas. Pero tenemos la capacidad de cambiar; estamos evolucionando en todo momento. Tenemos acceso a nueva información que puede conducirnos a tomar conciencia, lo que a su vez puede conducirnos a cambiar. Pero el cambio no suele suceder por sí solo. Tenemos que hacernos cargo de nuestra vida y hacer que el cambio se haga realidad.

En general, las creencias más recientes son relativamente fáciles de cambiar, pero cuanto más tiempo hayamos venido sosteniendo una creencia falsa, más difícil nos resultará librarnos de ella. Cuanto más pequeño sea el niño que comienza a dudar de su propia valía, más resistentes demostrarán ser estas dudas. Finalmente estas dudas se volverán muy difíciles de erradicar.

Cuando se inician serias dudas acerca de uno mismo en, pongamos por ejemplo, la adolescencia, el daño puede ser menos serio. Recordemos al padre que se sentía amenazado después de que sus hijos comenzaran a rebelarse contra su autoridad. Pues bien, es probable que sus hijos adolescentes se limiten a etiquetarle de estúpido y se decidan a seguir su propio camino sin más.

Cuando los adolescentes alcanzan la adultez, suelen irse de sus casas. Disfrutan de una nueva oportunidad de redefinirse a sí mismos. Si tienen éxito –esto es, si encuentran respeto, aceptación y amor– pueden restablecer su debilitada confianza y recobrar una forma más positiva de definirse a sí mismos. Pero si los problemas continúan, si tienen experiencias negativas, las dudas acerca de ellos mismos podrían recrudecerse. Pueden desarrollar una firme creencia en su inseguridad y comenzar a adentrarse en una dirección insana.

Lo cierto es que la fe en nosotros mismos puede verse sacudida en cualquier momento de nuestra vida. Podemos quedarnos inesperadamente sin trabajo, descubrir que nuestra pareja está teniendo una aventura, o alguien muy cercano puede de repente volvernos la espalda. Puede sucedernos cualquier cosa capaz de tambalear nuestra confianza en nosotros mismos y de hacer que nos cuestionemos nuestra propia identidad y nuestra propia valía. Existe una tendencia natural a tomarnos de una forma personal todo lo que nos sucede. Podemos tener la sensación de estar bajo los efectos del destino, como si lo que nos sucede tuviera por objeto alterarnos o demostrar que no nos merecemos tener éxito. Ciertamente las cosas suelen suceder por distintas razones, pero éstas no siempre nos conciernen directamente. Hay veces en que lo que parece estar dirigido directamente a nosotros, en realidad es consecuencia de alguna otra cosa.

Con frecuencia podemos hacer un problema de algo que en realidad no nos concierne. Si nos paralizamos mentalmente y comenzamos a obsesionarnos con lo sucedido en lugar de pensar en las cosas objetivamente, aumentaremos el peligro de generar un problema más serio dentro de nosotros mismos. Podemos llegar fácilmente a la conclusión de que algo va mal dentro de nosotros mismos. Si ya nos sentíamos inseguros, puede parecernos que estas cosas confirman nuestra inseguridad.

La sensación de inseguridad como un prerrequisito del control

Una vez más, es nuestra vivencia de inseguridad, sobre la base de unas creencias erróneas, lo que nos hace propensos al control. Pensemos en ello. Si vivimos dentro de una relación controladora, estamos en proceso de renunciar a nuestra integridad. El hecho de ser controlados supone la pérdida gradual de la propia integridad, porque tenemos que ser reducidos a un nivel lo suficientemente bajo como para encajar con las conductas inaceptables del controlador. Para que esto suceda, debemos participar activamente en la pérdida de nuestra propia integridad. De modo que podemos preguntarnos: "¿Cuándo fue violada mi integridad por primera vez?" Quizás fue un maltrato mental, verbal o físico, pudo ser simplemente una observación inapropiada, pudo ser cualquier cosa, pero el mensaje fue: "Eres menos que yo, estás en mis manos". Cuando esto sucedió, ¿qué fue lo que nos detuvo de salir corriendo? ¿De qué pensamientos nos servimos para seguir en la relación? ¿Cómo justificamos la decisión de aceptar este trato, esta actitud? Tuvo que haber alguna sensación del tipo de: "Esto es lo que me merezco".

Ciertamente, existen excepciones. Existen personas que tal vez no tengan una fuerte vivencia de inseguridad y que eligen proseguir unas relaciones controladoras. Unos obran de este modo por convicciones religiosas. Otros optan por quedarse debido a problemas económicos, o porque creen que las familias formadas por ambos progenitores son mejores para los hijos al margen de la calidad del entorno familiar, o debido a problemas con los parientes, y demás. Están en juego cuestiones de mucho valor.

Pero lo importante es que cuando optemos por proseguir nuestras relaciones, no nos sintamos atrapados. A esto hemos acabado por llamarle matrimonios de conveniencia. Existen razones para elegir esta opción. A lo largo de este libro no abogaré necesariamente por el divorcio. Aunque dirijo mucha de mi atención a los que se sienten atrapados y quieren marcharse, este libro también va dirigido a los que optan por quedarse. El hecho de comprender el proceso del control brinda los instrumentos para ayudarnos a evitar participar activamente en el mismo. Para aquellos que quieran liberarse de las relaciones controladoras, es importante comprender que el fundamento de la trampa no es otro que nuestra propia inseguridad. Para aquellos que elijan permanecer en sus relaciones, es importante combatir todos los intentos por introducir la autodesconfianza en nuestra forma de pensar, pues la desconfianza en uno mismo es el elemento que permite que se asiente la creencia en la propia malformación personal.

Si nos sentimos inseguros, la aceptación de otra persona es como una bocanada de aire fresco. Pero la validación externa es venenosa. El hecho de que no sea útil a largo plazo, de que sólo la validación interna –el saber desde dentro y en nuestro propio interior que realmente tenemos el visto bueno– genere un efecto duradero, es irrelevante por el momento. Si estamos convencidos de nuestra propia malformación, el verdadero factor motivacional que nos mueve es lograr que nos acepten. Y estamos dispuestos de buen grado a padecer muchísimo con tal de conseguir dicha aceptación.

Ejercicio: Hacer una revisión de nuestra propia vida, Parte 1

En los primeros tres capítulos de este libro, se le pedirá al lector que realice un ejercicio de la mayor importancia llamado revisión de vida. El propósito de la revisión de vida consiste en tomar la información más general presentada hasta ahora y aplicarla directamente a nosotros mismos. Si lo hacemos concienzudamente, puede ser de gran ayuda en el desarrollo de la toma de conciencia y de la comprensión de nuestra propia situación personal, de cómo fuimos a parar a donde nos encontramos ahora y de cómo va tomando forma el control en nuestras vidas. Esta puede ser la base de la que nos sirvamos para recobrar el control personal y dar por finalizada la relación controladora, o bien intentar transformarla en algo más aceptable.

Necesitaremos disponer de un libro de notas y dedicarle tiempo. No es probable que logremos reunir los datos de un solo tirón. En la primera parte de nuestra revisión de vida analizaremos la vivencia de inseguridad y de dónde procede. Ello implica ahondar en el conocimiento de nuestros padres y demás personas que influyeron en nuestro desarrollo temprano y en la percepción de nosotros mismos. Es preferible que contemos con reservar varias páginas para cada una de las personas. Empecemos por nuestro padre. Al principio de la primera página escribiremos: "Mi padre como ser humano". Si todavía vive, podríamos hacerle una visita. La cuestión es contemplarle únicamente como un hombre y no como nuestro padre. Tratemos de dejar al margen nuestras emociones en el transcurso de la visita. Tratemos de percibir quién es nuestro padre realmente. Si ya no vive, tendremos que confiar en nuestra memoria. Ello puede resultar más difícil de hacer objetivamente, sin emoción. El objetivo en los dos casos consiste en tratar de comprender al hombre que hay detrás del papel de padre. ¿Era rígido? ¿Crítico? ¿Comprensivo? ¿Nos animaba? A continuación haremos lo mismo con nuestra madre. Tratemos de describirla como un ser humano y no como nuestra madre. Escribiremos todo lo que se nos ocurra acerca de ella y de nuestra relación con ella. ¿Podíamos hablar con ella? ¿Parecía capaz de comprendernos? Analicemos la unidad familiar, tratemos de verla como un sistema y describamos cómo funcionaba. ¿Estaba muy unida? ¿O más bien fragmentada? Pensemos en nosotros mismos creciendo. ¿Que clase de niños éramos? ¿Éramos populares? ¿Tímidos? ¿Solitarios? ¿Rebeldes? Pensemos en otras personas que nos influyeron (hermanos, amigos, profesores, otros familiares). El objetivo consiste en lograr cierta comprensión de las fuerzas que afectaron a nuestro desarrollo, que nos condujeron a las conclusiones negativas y erróneas a las que hemos llegado acerca de nosotros mismos.

A medida que los pensamientos acerca de cada una de las personas comiencen a acumularse, veremos desarrollarse algunas pautas. Tratemos de extraer algunas conclusiones acerca de las personas que influyeron en el desarrollo de nuestras primeras creencias. ¿Descubrimos, por ejemplo, que nuestro padre era austero y reservado, incluso distante? ¿Qué conclusiones sacamos acerca de nosotros mismos sobre la base de su actitud? ¿Fueron negativas? ¿Derivaron en una sensación de inseguridad? Y lo más importante, ¿podemos ver que se trataba de unas creencias erróneas? ¿Descubrimos que nuestra madre jamás acabó de aceptarnos? ¿Nos condujo ello a juzgarnos utilizando un listón imposible de satisfacer? ¿Había algún hermano mayor que siempre estaba en primer plano, mientras que nosotros ocupábamos un segundo lugar? ¿Tuvimos una experiencia muy dura en la escuela porque nuestros compañeros de clase se burlaban de nosotros? ¿Hicieron estas experiencias que nos sintiéramos inseguros?

Esperemos que a partir de esta información comencemos a ver dónde pueden haberse originado las creencias erróneas que sostenemos acerca de nosotros mismos. Este es el primer paso de cara a desterrarlas. Recordemos que debemos dedicarle el tiempo suficiente a realizar esta tarea. Es posible que empleemos semanas en ir añadiendo nuevos descubrimientos. En realidad, a medida que vayamos procediendo nos será cada vez más fácil pensar en cosas que podamos escribir. Tomémonos el tiempo necesario y no nos presionemos. El intento de ir demasiado rápidos derivará en omisiones importantes; todo lo que escribamos puede ser relevante. Las dos partes restantes de la revisión de vida tienen por objeto desarrollar adicionalmente esta comprensión de cómo hemos ido a parar a donde nos encontramos actualmente. Pero ello no significa que tengamos que completar necesariamente esta primera parte antes de continuar leyendo. Las tres partes de la revisión de vida están pensadas para llevarlas a cabo de una forma progresiva y para que se complementen mutuamente.

2

CÓMO SE GENERAN LAS RELACIONES CONTROLADORAS

¿Por qué una persona que se siente insegura buscaría a un controlador? Las personas con una baja autoestima no van por ahí preguntándole a sus parejas potenciales si son unos controladores, pero sí parecen buscarlos de hecho. Pueden decir que se sintieron atraídos por la sensación de fuerza, determinación o decisión que emanaba de la otra persona, pero igualmente está presente un elemento de control que les atrae.

¿Cuándo la inseguridad desemboca en el control? Mientras las personas continúen naciendo imperfectas, tendrán ciertas áreas de inseguridad. Tendrán que habérselas con defectos e imperfecciones. Pueden estar abiertos a ellos o negarlos. Pueden ponerse a la defensiva, ocultar sus debilidades subjetivas de la vista de los demás y sentar las bases para el desarrollo de unas relaciones insanas, o pueden compartirse y generar la posibilidad de establecer una relación verdaderamente honesta –en la que sean aceptados por lo que realmente son y no por una imagen falsa que crearon con objeto de ocultar su verdadero *self*. Todo ello tiene que ver con aceptar la imperfección. Si somos capaces de hacer esto, podremos apreciarnos a nosotros mismos con todas nuestras imperfecciones. Sólo cuando no somos capaces de aceptarnos a nosotros mismos, la gravedad de nuestra vivencia de inseguridad se acrecienta y nos decidimos a ocultar cosas a los demás. Aquí es donde pueden desarrollarse las bases para una relación controladora.

No todas las personas inseguras acaban en una relación controladora. Partamos de un vasto número de personas que padecen una fuerte sensación de inseguridad. Esta sensación puede ser superada en cualquier etapa del desarrollo. Las personas pueden darse cuenta, y con frecuencia así lo hacen, de que han perdido la confianza en ellos mismos y decidirse a recobrarla. Unos encuentran relaciones sanas y estimulantes y comienzan a sanar. Otros desarrollan más problemas individuales (en lugar de problemas de relación), tales como la ansiedad o la depresión. En muchos y diferentes momentos y por muy diferentes razones, las personas encuentran la forma de adaptarse a estas sensaciones internas o de no adaptarse a ellas y desarrollar muy posiblemente algún otro tipo de problema. Pero no todos acaban en una relación controladora. Aunque muchos parten de ser unos buenos candidatos a formar parte de una relación controladora, no todo el que comienza como tal acaba necesariamente así de hecho.

El vínculo conyugal

Se supone que el matrimonio es un punto de partida, la creación de una nueva existencia, de una nueva unidad en sí misma y por sí misma. El vínculo conyugal es supuestamente algo sagrado. Tiene muy poco que ver con las ceremonias, los vestidos de gala, arrojar cosas tales como ramos de flores y ligas, tomar fotos, darse a comer del pastel de bodas, beber champan y bailar toda la noche. El matrimonio es un cruce de miradas, el logro de una comprensión. Es un vínculo entre dos personas. Sucede otro tanto con el divorcio. El divorcio no tiene nada que ver con dejarse caer por los juzgados y pagarle a un abogado. Un matrimonio termina en el momento en que la llama espiritual parpadea y finalmente se apaga.

Desgraciadamente, el tipo de matrimonio descrito anteriormente, el vínculo espiritual que se genera entre dos personas, rara vez suele darse en la realidad. Son muchas las personas que viven juntas, que llevan el mismo apellido, que poseen un álbum de fotos con imágenes del evento, que celebran aniversarios y que jamás estuvieron casadas realmente. Como se analizó en el capítulo 1, los niños se hacen adultos a través de un proceso de desarrollo. Ello quiere decir que dondequiera que vayamos llevaremos con nosotros todo nuestro ser. Vamos al matrimonio con todo nuestro equipaje. Si alguno de estos equipajes incluye la inseguridad, ésta formará parte de la relación conyugal. Si hemos creado toda una serie de defensas para protegernos del dolor, éstas formarán parte de nuestro modo de relacionarnos con nuestra pareja.

Es normal tener cierta cautela y cierta precaución acerca de nuestras emociones. A nadie le gusta que le hieran y la mayoría de las personas son precavidas a la hora de confiar. Pero el amor requiere confianza. De algún modo debemos pasar de la posición cautelosa y defensiva que adoptamos normalmente cuando tratamos con otra persona, a la posición de confiar y de que confíen en nosotros. De esto es de lo que trata el período de noviazgo. El noviazgo es el proceso gradual de bajar la guardia y desarrollar una relación de confianza con otra persona. El primer año de matrimonio puede ser muy estresante, cuando las parejas comparan sus peculiaridades e idiosincrasias y tratan de acomodarse el uno al otro. Los problemas comienzan cuando las defensas son demasiado fuertes e inflexibles y el voto de confianza es demasiado difícil de dar. Sin rendirse, sin compartir, sin dar confianza, es difícil amar y todavía más difícil crear un vínculo real.

Asuntos pendientes

También podemos ir al matrimonio con algunos asuntos pendientes. Muchas personas que no recibieron la aprobación de sus padres buscan parejas con los mismos rasgos que los padres que les rechazaron y prosiguen sus luchas infantiles dentro de sus matrimonios. Esto no sucede a un nivel consciente; en realidad no decimos: "Esta persona es exactamente igual que mi padre; si pudiera ganarme su aprobación, podría sanar la parte de mí mismo que se siente dolida, rechazada e insegura". Pero en esencia esto es lo que a menudo suele suceder. La mayoría de las veces adopta la forma de una atracción inexplicable hacia alguien. Este alguien puede maltratarnos, comportarse como un canalla, insultarnos, hacernos todo tipo de cosas, pero aparentemente no podemos sacudirnos la atracción que ejerce sobre nosotros.

Una persona a la que sus padres le negaron la aprobación tiene algo así como un agujero en el corazón. Existe el anhelo constante de llenar este agujero. Así es como los padres pueden seguir controlando a sus hijos adultos, continuando negándoles la aprobación. El problema es, y esta es una enseñanza muy dura, que jamás podremos llenar el agujero. Aunque nuestros padres tuvieran una conversión espiritual, aunque se vistieran un hábito de penitentes y se arrastrasen a nosotros de rodillas con todo tipo de disculpas y rogándonos que les diéramos la oportunidad de amarnos, una vez que hemos llegado a la adultez no es posible llenar el agujero en el corazón. Fue la necesidad del niño, y no la del adulto, la que se vio negada. Viéndolo por el lado positivo, podemos aprender a vivir con este agujero en el corazón, de igual modo que una víctima de un accidente puede aprender a vivir con un miembro de menos. El error que podemos cometer consiste en esforzarnos por encontrar un sustituto parental para llenar dicho agujero. Así es como algunas personas inseguras acaban buscando a otras personas que les controlen.

Si buscamos a alguien de las mismas características que el progenitor que nos rechazó, buscamos a alguien que nos niegue su aprobación. Si encontramos a alguien de estas características, nos habremos vuelto a colocar en la misma lucha de nuestra niñez. Hasta que no seamos capaces de darnos a nosotros mismos la aprobación que tanto necesitamos, jamás participaremos plenamente en una relación de igual a igual y jamás sanaremos verdaderamente.

El proceso del control – La danza del mal

El controlador dentro de una relación es quien niega la aprobación. Una vez más, no todo el que niegue la aprobación va a ser necesariamente un controlador. Es importante analizar más detenidamente lo que hace de alguien un controlador.

¿Porque una persona siente la necesidad de controlar a otra? Puede haber varias respuestas a esta pregunta, pero sólo una de ellas tiene sentido verdaderamente: *por miedo*. El controlador dentro de una relación controladora parte de un supuesto básico. Viene a ser algo así como: "Si eres libre de relacionarte con otras personas, encontrarás a alguien mejor que yo y entonces me dejarás". Por debajo de este supuesto subyace otro: "En realidad soy un desastre de persona y si lo descubres, me rechazarás".

Por muy perturbador que esto pueda parecer, no por ello deja de ser cierto. Los controladores se sienten tan inseguros como aquellos a los que controlan. La propia relación controladora es una relación basada en el miedo y alentada por una vivencia de inseguridad mutuamente compartida. La persona controlada puede ser maltratada por el controlador y los malos tratos pueden adoptar muchas formas, pero éstos no podrían tener lugar sin la participación activa de la persona controlada. La típica persona controlada no es controlada a punta de pistola, no suelen encadenarla a la cama ni encerrarla en una celda con barrotes. Ciertamente con frecuencia suelen darse malos tratos de algún tipo y decididamente suele haber algún lavado de cerebro en algún sentido, pero también existe una aceptación tácita del control. Ello no significa que sea fácil romper las cadenas. Una vez que alguien se rinde a un controlador, es muy difícil escaparse.

Al igual que las personas no evolucionan en el vacío, el control que una persona tiene sobre otra tampoco surge de la nada. Es un proceso gradual que puede iniciarse, o no, al comienzo de una relación. Es una danza sutil en la que se adentran dos personas de una forma gradual. Al principio se muestran torpes –no son conscientes del transfondo de inseguridad; simplemente sienten que existe algún tipo de afinidad, algo en común dentro de ellos. Aprenden a abrirse y empiezan a hablar. Comienzan a compartir sus historias respectivas, incluidas las cosas que les sucedieron y que les hirieron.

A continuación se inicia un período crucial. Para que se desarrolle una relación sana –esto es, para que se desarrolle cualquier relación verdaderamente sana, que se prolongue y que florezca durante un largo período de tiempo– ambas partes deben mantener un equilibrio, una igualdad. No es sano establecer una relación desequilibrada en la que uno de los componentes adopta una posición de liderazgo o parece ser el más fuerte, o el más inteligente, o el que toma todas las decisiones.

Por supuesto, no existe nada semejante a una relación en la que ambas partes tengan el mismo talento, los mismos conocimientos, sabiduría y demás. En toda relación existen ciertas áreas en las que estaremos más dotados que nuestra pareja. Pero casi siempre se da el caso de que nuestra pareja tendrá igualmente algún talento del que nosotros carecemos. Tal vez nosotros seamos mejores a la hora de hacer un presupuesto mientras que a nuestra pareja se le da mejor planificar las actividades sociales. La cuestión estriba en identificar las respectivas áreas de talento y maximizar la eficacia de la relación como un todo, en lugar de competir o permitir que ninguno de los dos domine sobre el otro.

Las relaciones desequilibradas

Dentro de una relación desequilibrada, el que parece ser el más fuerte suele empezar a resentirse de tener que llevar más de la mitad de la carga. Pero, y lo que tal vez sea más importante, la persona que se siente más débil empieza igualmente a resentirse de la sensación de debilidad o de falta de liderazgo. Este es el fundamento de la clásica relación de amor-odio. Cada una de las partes puede amar a la otra persona, pero detestar igualmente el tener que llevar la voz cantante o el no lograr llevarla jamás.

Añadamos a este proceso una sensación grave de inseguridad por parte de las dos personas, o tan sólo de una de ellas, y entonces podrán desarrollarse una serie de experiencias muy insanas. Lo más común es que la persona que ocupa una posición más débil o más dependiente comience a buscar la forma de ganar poder dentro de la relación. Esto no lo logra asumiendo algunas de las responsabilidades. En su lugar, la persona dependiente empieza a buscar la forma de controlar a la otra persona generando y acrecentando en ésta las dudas acerca de sí misma, pues habitualmente suele ser el más débil de los dos quien intenta convertirse en el controlador.

Volvamos a los Dadores, los Tomadores, los Frigoríficos y las Personas Justas. Todos ellos son susceptibles de desarrollar relaciones controladoras. Recordemos que si tenemos problemas con el control, no es conveniente que tratemos de colocarnos exclusivamente en una u otra categoría única. Podemos etiquetarnos utilizando la categoría en la que mejor parecemos encajar, pero debemos analizar otras pautas de comportamiento que también nos caracterizan igualmente en otras ocasiones.

Tal vez una mejor forma de comprender cómo encajan estas tipologías entre sí sea analizando algunos ejemplos concretos. Pensemos en ellas en términos de amor. Los Dadores se dedican a dar amor de ellos mismos hacia el exterior. Los Tomadores se dedican a recibir amor del exterior hacia ellos mismos. Los Frigoríficos tratan de ser autosuficientes, sin dar ni recibir amor (de algún modo se puede decir que se proveen de sí mismos). Las Personas Justas tratan de que el amor fluya, de ellos mismos hacia el exterior y del exterior hacia ellos mismos. Como también podremos ver en los siguientes ejemplos, no todo el que encaje en alguna de estas descripciones es necesariamente una persona insegura. Las personas seguras también pueden mostrar algunos de estos rasgos.

Los Dadores

Los Dadores, dentro del contexto de las relaciones controladoras, son personas con una fuerte vivencia de inseguridad que han llegado a la conclusión de que si se esfuerzan en hacer lo bastante por los demás, conseguirán ser aceptados y valorados. Están convencidos de que tienen una especie de malformación fundamental, pero los defectos pueden ocultarse abrumando a los demás con una serie de regalos. Existen igualmente Dadores que no se sienten inseguros ni malformados y son unos Dadores Justos sin más.

Es probable que no nos sorprenda descubrir que la mayoría de los Dadores son mujeres. Los Dadores también suelen encontrarse entre las profesiones humanitarias. Médicos, enfermeras, trabajadores sociales, psicólogos y maestros de escuela suelen dedicarse a su labor porque sienten el deseo de trabajar por los demás y de ayudarles. Este impulso puede convertirse en un problema si no tenemos cuidado. Si padecemos una fuerte sensación de inseguridad, existe una cantidad enorme de validación externa en el hecho de ayudar a los demás. Si damos consuelo, nos mostrarán gratitud. Si somos unos trabajadores eficaces, nos ganaremos el respeto profesional. Ahora bien, toda validación externa, por buena que pueda parecer en el momento mismo de recibirla, no tendrá un valor duradero a menos que seamos capaces de interiorizarla.

Si recibimos toda esta validación en el trabajo, pero salimos del trabajo sintiéndonos todavía inseguros, podemos caer en la tentación de introducir este impulso a sanar, a hacerlo mejor, o simplemente a agradar, en nuestra propia vida personal. Podemos encontrar a alguien que podría ser realmente maravilloso con tan sólo que se decidiese a superar tal o cual defecto y escoger a esta persona para enamorarnos de ella. Si tenemos una profunda inseguridad, podemos escoger a alguien que también se sienta inseguro, en la creencia de que la sensación de inseguridad por parte de nuestra pareja evitará que ésta nos rechace. Esta tendencia a elegir a alguien que necesita ayuda, que necesita que lo "arreglen", se menciona eventualmente como el "síndrome del ala rota".

Son muchos los Dadores repartidos por el mundo y lo bueno es que la mayoría de ellos son gente sana. Muchísimas personas anhelan simplemente establecer una modalidad muy generosa de relación. Cuando se juntan dos Dadores sanos, generan una relación de gran intensidad. El objetivo principal de una relación de estas características es brindar y recibir amor y satisfacción.

Cuando los Dadores aman, lo hacen hasta sus últimas consecuencias. Pero, y esto es algo que continúa debatiéndose acaloradamente, no existe realmente nada semejante al altruismo puro. Incluso cuando echamos las vueltas en el bote de una organización benéfica, disfrutamos de la sensación de bienestar que generamos en nuestro interior. Para que el Dador se sienta verdaderamente satisfecho dentro de una relación, debe tener una pareja con una capacidad de dar equivalente. Ello no quiere decir que necesite deliberada y conscientemente una generosidad idéntica, pero sí necesita sentirse tan importante para su pareja como su pareja lo es para él. La atmósfera de generosidad debe ser de una intensidad equivalente y proceder en ambas direcciones.

Los Dadores inseguros

Para el Dador con una fuerte vivencia de inseguridad, con la convicción íntima de que existe algo gravemente malformado en su interior, el motivo de darle a su pareja ya no es únicamente relacionarse a un nivel muy intenso, sino también recibir una confirmación de su adecuación. El acto de dar es casi un reto que le lanza a la pareja. A diferencia del Dador sano descrito anteriormente, el Dador inseguro mide la cantidad de amor que recibe a su vez de su pareja. Los Dadores inseguros van llevando la cuenta y calibrando la convicción de sus parejas respecto de que son dignos de ser valorados.

Desgraciadamente, este proceso conlleva una trampa. Dado que la vivencia de inseguridad es absolutamente interna, en realidad no tiene nada que ver con el otro. La otra persona no generó la inseguridad y tampoco puede erradicarla. Por lo tanto, por mucho amor que demuestre la otra persona, o al margen de la intensidad con la que se decida a dar, el objetivo de cerrar las heridas no se alcanzará. El Dador inseguro jamás se sentirá satisfecho, jamás sentirá que su pareja le haya dado lo bastante como para erradicar el ansia de querer más.

La pareja se verá en una pugna del tipo de: "¿Como cuánto me quieres? Muy bien, demuéstramelo". Esta pugna se prolongará indefinidamente. Mientras el Dador inseguro continúe dando y midiendo su adecuación personal en base a lo que reciba a cambio, jamás habrá realización posible y la falta de satisfacción se hará patente. Por supuesto, estos sentimientos rara vez son verbalizados directamente, pero el mensaje no dejará de transmitirse a la pareja.

No pretendo generar ninguna desesperación. Antes bien, una relación sana puede ser un contexto excelente para que alguien con graves problemas de autoestima comience a sanar. Es ciertamente esta atmósfera sana –la verdadera aceptación por parte de la persona sin necesidad de atarla de pies y manos– lo que nos permite revisar nuestra creencia nuclear en nuestra inadecuación y decidirnos a cambiarla. Se trata más bien de: "Mi pareja cree evidente y firmemente que soy valioso. Pero yo siempre he creído a las personas que me han rechazado a lo largo de mi vida y he llegado a la conclusión de que no valgo nada. ¿Quién está equivocado, mi pareja o los demás?" Si la respuesta es que las personas que nos han rechazado son las que están en un error, nos encontramos en el inicio del proceso de reevaluación que puede conducirnos a sanar.

Medida por medida

En el resto de las relaciones, al margen de las amorosas, los Dadores con una baja autoestima darán con similar intensidad y similares motivos subyacentes. Siempre querrán pagar las comidas, ofrecerse a llevarnos en coche, hacer regalos por razones no aparentes y prestarse voluntariamente a todo. Pero también medirán lo que se les devuelva a cambio. No es que esperen algo específico de los demás; es más bien el gesto lo que les importa. Pueden sentirse devastados cuando les olvidan, pero también incómodos cuando les recuerdan. Están constantemente en busca de validación. Al hacerlo siempre todo por los demás, los Dadores intentan igualmente evitar el rechazo: "Si hago todo esto por ti y no espero nada a cambio, pensarás que soy una persona maravillosa y no me rechazarás. Si nuestra relación estuviera basada en un dar por igual, podrías verme más objetivamente y reconocer lo inferior o lo imperfecto que soy".

Algunos Dadores se mueren por recibir cumplidos con el único propósito de tener la oportunidad de rechazarlos. Si les decimos: "Me gusta ese traje", la respuesta será: "¿El qué? ¿Esto tan viejo?" O si les decimos: "Me gusta lo que te hiciste en el pelo", la respuesta más probable será: "No te molestes ni en mirarme, llevo un día de perros".

Desgraciadamente, con el paso del tiempo este Dador le enseña gradualmente a los que le rodean a no hacerle jamás ningún cumplido. A fin de cuentas, un cumplido es un regalo, ¿y a quién le gusta que le rechacen sus regalos una vez y otra vez?

En general, los Dadores necesitan que se preocupen de ellos, necesitan ser queridos y tranquilizados respecto de su valía por las personas que son objeto de sus dones. Ello se aplica especialmente a sus relaciones amorosas, dado que éstas suelen ser muy personales y abiertas. Para que un Dador sea feliz en una relación, su pareja debe desplegar su misma intensidad. Desgraciadamente, los Dadores inseguros suelen entablar relaciones con Tomadores o con Frigoríficos. Esto es así porque continúan buscando la aprobación de los padres que les rechazaron y tienden a buscar una persona similar en su pareja.

En el caso del Dador, esto suele conducir a la frustración y a la sensación de no estar siendo satisfechos. Si ello es lo que sucede de hecho, el Dador puede acabar por resignarse a llevar una vida insatisfactoria; o tratar de cambiar la relación, posiblemente con ayuda externa; o salir de la relación; o iniciar el proceso de generar una relación controladora. Suele darse por supuesto que los Dadores son siempre los controlados y que los Tomadores y los Frigoríficos son siempre los controladores. Pero no es cierto. Los Dadores son tan capaces de controlar como cualquiera de los demás. Incluso las Personas Justas pueden convertirse en unos controladores.

Los Tomadores

Los Tomadores inseguros son personas que se han dado por vendidas, que están verdaderamente convencidos de que en el fondo de ellos mismos yace algo terrible y espantoso y han acabado por reconciliarse con dicha identidad. Una vez hecho esto, se dedican a ocultar lo que creen que yace en su interior –de la vista de los demás y en última instancia de ellos mismos. Se vuelven extremadamente defensivos y jamás admiten los defectos, los errores, ni cualquier otra cosa que pudiera parecer negativa. Harán cualquier cosa por evitar las críticas. Con el tiempo, pueden comenzar a creerse realmente las defensas, las muchas máscaras que llevan puestas, y pensar que ellos son inocentes y los demás son siempre los responsables de todo lo malo que pueda ocurrir.

Por lo general, los Tomadores no suelen buscar la aprobación de los demás. Su táctica es la opuesta de los Dadores. En el caso de los Dadores la relación en su totalidad tiene por objetivo equilibrar el marcador. En el caso de los Tomadores no existe ninguna preocupación por el equilibrio; el marcador tiene una única fuente: lo que el Tomador pueda hacer suyo.

Al igual que sucede con los Dadores, existe un grupo de Tomadores repartidos por el mundo que no son inseguros. Se trata simplemente de personas centradas en sí mismas y que no se preocupan por los demás. El Tomador por excelencia es el sociópata, alguien que no está equipado con las características habituales tales como la conciencia o el sentido de la culpabilidad y de la responsabilidad hacia los demás. Contemplan a los demás como objetos a utilizar. Cualquiera puede ser un blanco para este tipo de Tomador.

Defendernos de los depredadores

Por lo que se refiere a las relaciones, hay tiburones en el agua. Existen depredadores por ahí sueltos en busca del débil, del ingenuo y, por supuesto, del inseguro. Existen personas decididas a aprovecharse de nosotros para conseguir lo que desean. Existen personas que utilizan, bien que su objetivo sea la seducción y una relación sexual aislada o una relación duradera sobre la base de los malos tratos y el control. Es importante que nos cuidemos de dónde depositamos nuestra confianza. El noviazgo es un proceso que nos permite llegar a conocer a nuestra pareja potencial. Lo mejor es que discurra lentamente y con los ojos bien abiertos. A los depredadores les resulta difícil mantener puestas las máscaras a medida que pasa el tiempo.

Los depredadores engañan al inocente principalmente cuando sus víctimas dejan de ser honestas consigo mismas y empiezan a mentirse. Cuando llegamos al extremo de que queremos creer hasta tal punto en el depredador que comenzamos a filtrar las indicaciones de cómo es él realmente, nos hemos vuelto extremadamente vulnerables. Ello es especialmente cierto en el caso de que seamos unas personas inseguras. Si estamos convencidos de que algo va mal dentro de nosotros, puede que estemos dispuestos a transigir con la realidad simplemente para que nos quieran. Seguir siendo sinceros con nosotros mismos es la clave para evitar ser entrampados por un depredador. Aun en el caso de que un depredador sea tan hábil como para mantener la máscara hasta después de la boda, la víctima debe continuar siendo honesta consigo misma. Cuando descubrimos que hemos entablado una relación con un depredador, no tenemos otra alternativa que actuar en defensa propia o bien participar en el proceso de control mediante el autoengaño.

Problemas de adicción

Muchas personas con personalidades adictivas, esto es, con una predisposición a las adicciones, también son Tomadores. Las personas adictivas están obligadas a mantener un sistema de negación. Por ejemplo, un alcohólico tiene un fuerte interés en mantener el mito de que no tiene ningún problema con la bebida. Lo ve como una cuestión personal que no tiene por qué repercutir en el exterior. A las personas con problemas de adicción no les preocupa lo que los demás puedan pensar; de hecho se esfuerzan por servirse del sistema de negación para convencerse a sí mismos de que no existe ningún problema. Pero el problema puede aparecer cuando inician una relación seria. Entonces tal vez necesiten engrosar a su pareja en las filas del sistema de negación. Si quieren seguir bebiendo, no pueden tener a una pareja que les señale la cantidad de alcohol que consumen.

Para complicar todavía más las cosas, existen igualmente muchísimos Tomadores inseguros con tendencias adictivas. Tal vez se centren más en controlar a su pareja porque hay más en juego. Tienen un doble problema de negación por delante: la negación del problema de adicción y la negación de la percepción de la falta de valía personal. Cuanto más se agrave su adicción, más se convencerán de que no valen nada. En el fondo el sistema de negación es un fraude –las personas adictas no se engañan realmente a sí mismas respecto de sus problemas con las sustancias adictivas; por debajo de todo los subterfugios, conocen la verdad.

Los Tomadores y sus relaciones

Al igual que sucedía en los otros ejemplos, los Tomadores no siempre entablan necesariamente unas relaciones controladoras. Algunos encuentran parejas sanas y desarrollan lo que para ellos son unas relaciones satisfactorias. No tiene nada de sorprendente que suelan sentirse atraídos por los Dadores. Cuando los Tomadores encuentran a los Dadores, tienen la impresión de haber encontrado la relación ideal de por vida. Para los Tomadores, el flujo (de cualquier cosa, desde el amor hasta el dinero y las cosas materiales) del Dador al Tomador debe parecer un arreglo absolutamente natural y mutuamente satisfactorio. Esta es la razón de que el Tomador pase por alto la expectativa subyacente del Dador respecto de recibir igualmente a su vez. Si el Tomador no aprende, pues, a dar a cambio, perderá a su pareja o tendrá que poner en marcha el proceso del control.

Sorprendentemente, los Tomadores suelen llevarse bien con otros Tomadores. Entablan una especie de relación de negocios. Mientras que cada uno de ellos sea capaz de mantener su parte del contrato, pueden llevarse bastante bien. Obviamente, no existe un gran amor en una relación de estas características. Parte de la definición del amor consiste en dar y ello a causa del profundo deseo de ver a la persona a la que amamos tan feliz y satisfecha como ello nos sea posible. Los Tomadores no son muy hábiles a la hora de prestar atención a lo que sucede fuera de ellos mismos, por lo que suelen quedarse cortos en el terreno del amor. Cuando dos Tomadores entablan una relación, ello no suele suponer un problema porque los Tomadores son los que han acabado por convencerse de que en realidad son basura y no se merecen que los quieran. Han dedicado muchos años de su vida a anular su necesidad de amor. La mayoría de ellos se contentan con mantener una relación a un nivel material y físicamente satisfactorio. Los Tomadores que sí necesitan amor suelen exigirlo y ser incapaces de corresponderlo.

Así pues, dos Tomadores pueden llevarse bien en una relación mientras ambos sientan que están recibiendo el uno del otro un valor equivalente. Ello puede adoptar diferentes formas. Por ejemplo, un hombre puede querer que lo satisfagan sexualmente y su pareja puede querer tener cosas materiales. Son dos criterios que apenas se solapan. Mientras ambos se sientan satisfechos y tengan la sensación de que la relación está equilibrada, valor por valor, ésta puede durar. Pero tan pronto como uno de los Tomadores sienta que el otro no está cumpliendo con el contrato, aparecen los inconvenientes. Ello se debe a que los Tomadores que entablan una relación suelen poner mucho cuidado en no dar más que sus parejas. Los inconvenientes suelen adoptar la forma de una lucha de poder. Cada una de las partes se queja de lo que no está recibiendo y tiene la impresión de que la relación es injusta. La mayoría de las veces, la lucha de poder deriva en la finalización de la relación o en el inicio de una lucha por el control, con uno de los Tomadores convirtiéndose en el controlador y el otro en una especie de víctima percibida como tal.

Los Tomadores también pueden llevarse bien con los Frigoríficos. El desinterés general de los Tomadores por los sentimientos de los demás parece complementarse con el interés del Frigorífico por no sentir nada en absoluto. Esto le brinda al Frigorífico una sensación de seguridad: el muro defensivo no sufre el menor ataque y no existe amenaza alguna de rechazo. A cambio debe satisfacer al Tomador dándole de una forma diferente a manifestar afecto. Tal vez al Tomador le preocupe exclusivamente el dinero o el sexo. Mientras el Tomador se sienta satisfecho, esta relación superficial conservará la apariencia de una relación auténtica.

En el caso del Tomador inseguro, las necesidades asociadas a la relación suelen seguir una progresión ascendente. Con el paso del tiempo es probable que se sienta insatisfecho, porque las cosas físicas y materiales jamás pueden satisfacer verdaderamente al *self* interno. Esta es la trampa del Tomador inseguro, al igual que esperar que la validación externa sea suficiente por sí sola es la trampa del Dador inseguro. Al margen de lo mucho que pueda recibir, el Tomador inseguro experimentará siempre una sensación de insatisfacción. De modo que seguirá esperando más de lo que fuere que se le ofrezca. Pero cuando las exigencias del Tomador excedan lo que la pareja quiera o pueda abastecer, la relación comenzará a resquebrajarse. Llegado este momento, el Tomador puede decidirse a luchar denodadamente por ganar el control.

Los Frigoríficos

Los Frigoríficos han optado por ocultarse de la vida. No fue una decisión claramente definida tomada una mañana cualquiera. Fue un proceso muy gradual construido sobre la base de un rechazo tras otro. El niño que no da la talla puede acabar sintiendo la imposibilidad de llegar a dar la talla alguna vez. Es el niño que se esfuerza por ganar la aprobación, pero tropieza una y otra vez con que la aprobación se ve acompañada de una negativa: "Sí, Johnny, es un dibujo muy bonito... pero las ramas del árbol están demasiado rectas". ¿Qué es lo que oye Johnny? ¿Se concentra en la parte que habla del "dibujo bonito" o en lo que viene después del "pero"? Para las personas como Johnny, la vida está llena de sentencias que contienen la palabra *pero*. A diferencia del Dador que lo intenta cada vez con más fuerza con objeto de ganar la aceptación que nunca llegará, el Frigorífico desiste gradualmente de luchar, gradualmente deja de enseñar sus dibujos con objeto de no tener que escuchar las críticas.

En muchos sentidos los Frigoríficos pueden ser tan sensibles como los Dadores, pero no pueden soportar el dolor del rechazo. Gradualmente se van apartando de los demás. Con el tiempo dejan de manifestar sus inquietudes y desisten de buscar la aceptación que tanto necesitan. No se sienten seguros con los demás porque, de todos los grupos descritos, ellos son los que tienen más dificultades a la hora de confiar.

A los Frigoríficos les horroriza la idea de ser vulnerables. Acaban por convencerse hasta tal punto de que los demás quieren hacerles daño que se sienten inseguros ante la perspectiva de darle a nadie ni tan siquiera la mera oportunidad de acercarse. Supongamos que toda la clase se riera del dibujo de Johnny. ¿Cómo se sentiría Johnny? Supongamos que esto mismo se repitió una y otra vez. ¿Cuándo dejaría Johnny de enseñar sus dibujos? ¿Cuándo empezaría a cerrarse? ¿Cuándo optaría por ocultarse de la vida como la opción menos dolorosa?

Los Frigoríficos se vuelven gradualmente muy autosuficientes, pero en el fondo saben que están faltos de realización. Se sienten insatisfechos porque hay amor dentro de ellos mismos, pero se trata de un amor que no se atreven a ofrecer. A lo largo de años de sentir que los demás rechazan sus cosas, incluido el amor, una persona aprende a evitar el dolor del rechazo. Es mucho más seguro conservar el amor dentro de uno mismo y no manifestarlo jamás.

El proceso de enfriamiento

No necesariamente tiene que tratarse de un proceso prolongado que conduzca a la congelación del corazón. Podemos entablar una única relación, especialmente una relación muy intensa en la que nos volvimos totalmente vulnerables ante nuestra pareja, y ser rechazados de repente. Podemos sentirnos tan heridos que tomemos la decisión de no permitir que jamás vuelva a sucedernos lo mismo. ¿Cómo lo logramos? No volviendo a ser vulnerables jamás. ¿Y cómo podemos no volver a ser vulnerables jamás? No volviendo a amar jamás. Un Frigorífico también necesita amor en el fondo. Pero, una vez más, la sola idea de pedir que le quieran y ser rechazado le resulta insoportablemente dolorosa. De modo que se decide a edificar un muro, ladrillo a ladrillo, rechazo tras rechazo.

Cuando nos centramos excesivamente en la idea del rechazo, cuando lo analizamos todo en términos de si nos están aceptando o rechazando, entonces todo lo que nos sucede puede adquirir un significado altamente personal. Esto es lo que les suele ocurrir fácilmente a las personas con una fuerte sensación de inseguridad. Están tan pendientes de los actos y de las palabras de los demás que desarrollan la creencia de que todo lo que sucede a su alrededor va realmente dirigido a ellos.

El proceso de personalizar todo lo que sucede a nuestro alrededor puede derivar en una serie de problemas frecuentes. Fácilmente podemos volvernos demasiado egocéntricos y carecer de una perspectiva realista. Podemos darle a todo el que nos rodea el poder de determinar nuestro nivel de adecuación. Podemos acabar viviendo una vida plagada de intentos melodramáticos y desesperados de agradar a todas las personas con las que entremos en contacto. Podemos vivir al borde de la desesperación –mientras que los que nos rodean no tienen ni la más remota idea de lo que nos está pasando por dentro.

Retraimiento versus inseguridad

Al igual que sucedía con los otros ejemplos, hay muchos Frigoríficos que no sienten una sensación grave de inseguridad. Una mejor forma de describirles podría ser diciendo que son reservados. Volverse reservado puede ser una buena estrategia a adoptar cuando nos sentimos atacados personalmente. Sería algo así como hacernos de un refugio transitorio en lugar de edificar un muro permanente. Ahora bien, esta estrategia es una acción, o más bien una reacción, frente a algo específico. Pero no un estilo de vida. Existen personas relativamente seguras de sí mismas a las que sencillamente les cuesta abrirse a los demás. Existen también personas que no experimentan grandes emociones dentro de sí mismas. No es algo que haya que juzgar; no es justo decir que tener grandes emociones sea bueno y no tenerlas sea malo. Es sencillamente una verdad que algunas personas son menos emotivas que otras por naturaleza y no por ello tienen problemas necesariamente.

Los problemas pueden aparecer cuando una persona muy emotiva cree que todo el mundo siente al mismo nivel y trata de hacer que una pareja poco emotiva sienta a un nivel más elevado. Ello conduce a la frustración, que habitualmente se deja translucir en las conversaciones:

"Cariño, ¿en qué estás pensando?"
"En nada, cielo".
"¿Cómo es posible? Tienes que estar pensando en algo".
"No, sólo estoy tratando de descansar".
"Nuestro problema es que no hablamos. Jamás tienes nada que decir".

¿Y si el Frigorífico de este ejemplo ha aprendido sencillamente el secreto de la meditación? Lo cierto es que muchas personas son muy apacibles; son capaces de pasar imperturbables por la vida. Se asemejan a unos botes de remos en un lago tranquilo. Muchas otras personas sienten el vértigo y las profundidades de la emoción. Se parecen más a las montañas rusas. Cuando se juntan dos personas opuestas emocionalmente, necesitan comprender verdaderamente sus diferencias si quieren entablar una relación exitosa y satisfactoria. Muchas de estas parejas entablan una relación en la que aprenden el uno del otro, cada una de las partes se desplaza gradualmente en dirección al otro y acaban encontrándose en algún punto intermedio. La persona sosegada aprende de la emotividad de su pareja y la persona emotiva aprende de la serenidad de la pareja sosegada. Los Dadores, por ejemplo, suelen ser los más intensos a nivel emocional. Pueden malinterpretar a su pareja y esforzarse por ayudarla a ser más expresiva. El Dador puede sentirse frustrado porque su pareja "no lo capta" y acabar volviéndose un controlador.

Al igual que los Tomadores, los Frigoríficos pueden llevarse relativamente bien con los Dadores, los Tomadores, otros Frigoríficos y las Personas Justas. Pero con demasiada frecuencia las necesidades de su pareja, de la tipología que fuere, acaban por volverse tan amenazantes para el Frigorífico, decidido a no dar nada de sí mismo, que acaba por generarse un agotamiento emocional prácticamente total. La relación se romperá o bien el Frigorífico iniciará el proceso de controlar o de ser controlado.

Las Personas Justas

Las personas relativamente bien adaptadas también pueden quedar atrapadas en una relación controladora. Nadie es inmune. Supongamos que alguien que goza de un nivel normal de seguridad y de una imagen bastante buena de sí mismo conoce a una persona con una autoimagen muy pobre y una fuerte sensación de inseguridad. A veces ello puede brindar la oportunidad de que la persona que duda de sí misma logre sanar y sentirse segura. ¿Pero qué sucede si la persona que se siente insegura no responde positivamente al amor? La persona insegura piensa: "Otras personas me han dicho que no valgo nada, mi pareja me dice que valgo mucho, ¿quién está equivocado?" Si el lavado de cerebro ha ido lo bastante lejos, se ha prolongado durante bastante tiempo y comenzó lo bastante pronto, la respuesta podría ser: "Es mi pareja la que está en un error. Todavía no ha tenido ocasión de ver mis defectos". Este pensamiento se verá inmediatamente seguido por este otro: "Y tengo que asegurarme de que jamás los vea".

Una vez más, comenzará la danza del control. La persona insegura puede volverse muy crítica hacia la Persona Justa. El objetivo consistirá en sembrar la autodesconfianza: "Si consigo rebajar a mi pareja a mi nivel, ya no se sentirá más segura que yo y jamás me dejará". En esta variante de la danza del control, la persona insegura, de tener éxito, evolucionará en dirección a convertirse en el controlador. En otra variante de la misma danza, la persona insegura se volverá indefensa y dependiente de la Persona Justa: "No puedo vivir sin ti, así que tienes que cuidar de mí". Esta estrategia es especialmente eficaz si la persona insegura añade adicionalmente un toque de celos: "Sé que soy una carga para ti y que podrías buscarte a otra persona que fuera más fuerte. Tengo que saber dónde estás en cada momento, porque me asusta la idea de perderte".

Existe a este respecto una magnífica regla empírica: Una forma de evaluar el nivel de inseguridad de una persona es evaluar su nivel de celos. Existen ciertamente muchas formas de afrontar la vivencia de inseguridad, pero la principal consiste en mostrarse celoso. En última instancia, los celos no son más que control bajo la máscara del amor. Los celos no tienen absolutamente nada que ver con el amor. Los celos son una forma de posesividad y la posesividad no forma parte del amor. Los celos son una forma de admitir implícitamente la sensación de inutilidad.

Existen otras variantes de la danza del control, dependiendo de cómo se haya venido adaptando la persona insegura con el paso de los años. Pero en esencia la Persona Justa elige aceptar o rechazar la invitación a bailar. Si la autodesconfianza es introducida en la mente de la Persona Justa, la probabilidad de que ésta se implique en el proceso del control se acrecentará. Si la Persona Justa es capaz de advertir y de comprender adecuadamente la naturaleza a largo plazo del proceso, evitar la desconfianza en sí mismo y conservar la vivencia personal de ser una persona básicamente sana, la probabilidad de que rechace el proceso se acrecentará.

Las Personas Justas pueden llevarse bien con los Dadores. Pueden brindar una atmósfera de amor y aceptación. Cuando las Personas Justas se juntan con Dadores que no se sienten inseguros, cada uno de ellos puede aprender del nivel de intensidad amorosa del otro y crecer juntos en el amor. Las Personas Justas pueden ayudar a los Dadores que se sienten inseguros; pueden ofrecer el entorno necesario para cuestionar las viejas creencias acerca de la supuesta malformación. Las Personas Justas tienen más problemas con los Tomadores y los Frigoríficos. No es probable que con éstos el flujo del amor se mueva libremente en ambas direcciones y ello puede conducir a la frustración en la Persona Justa. El resultado no tiene por qué ser sorprendente: la Persona Justa puede abandonar la relación o bien esforzarse por rediseñar a la pareja en el contexto de una relación controladora.

Decidirnos a cambiar

Conviene hacer otra puntualización acerca de estas tipologías. No tienen por qué ser estáticas. No estamos condenados a vivir con una etiqueta de por vida: podemos decidirnos a cambiar. Un Dador muy inseguro puede tratar de ganarse la propia aprobación y cambiar de actitud. Un Tomador puede descubrir el vacío de limitarse a tomar de los demás y esforzarse por descubrir la alegría inherente al dar. Un Frigorífico puede querer aprender a abrir la puerta del congelador y descubrir la calidez del amor. Incluso puede que algunas Personas Justas necesiten desarrollar más su propia aprobación personal para completar su realización.

La mayoría de la gente no cambia a partir de su naturaleza básica. Ello no se debe a que el cambio constituya una empresa de enormes proporciones sino a que la mayoría de las personas están tan ocupadas en proteger sus imágenes que son totalmente inconscientes de la posibilidad de cambiar. La toma de conciencia debe preceder al cambio. Lo importante a recordar es que los hábitos, sean cuales fueren, pueden abandonarse. Para cambiar, una vez que la persona sea consciente de que el cambio es posible de hecho, se compromete a ello y practica sin cesar. Aunque es relativamente infrecuente, puede suceder. Incluso cabe la posibilidad de que personas que sean muy diferentes puedan ayudarse mutuamente en su propósito de cambiar.

Para cualquiera que descubra que está participando en una relación controladora, la toma de conciencia constituye el primer paso para darla por finalizada o bien para modificarla. Descubrimos que la naturaleza de nuestra relación ha consistido en una danza conjunta y que ambos nos hemos vuelto tan sumamente hábiles que hemos alcanzado el nivel de los concursos de baile de salón. Descubrimos que bailamos juntos sin pensar ni preocuparnos, pero la música es malísima. Ha llegado el momento de cambiar la música. Podemos elegir cambiarla y nuestra pareja puede elegir cambiarla... o no.

El elemento común en las relaciones controladoras es la desconfianza en nosotros mismos, la baja autoestima, la sensación de inseguridad profundamente arraigada y la necesidad de protegernos de la posibilidad de que nos hagan daño, y por encima de todo del daño derivado del rechazo.

Existen muchos tipos de relaciones controladoras, ya no sólo dentro de las relaciones amorosas. ¿Cuántas personas hay que trabajan para un jefe odioso que parece consagrado a ridiculizar a los miembros de su plantilla? ¿Cuántas personas tienen que soportar a unos familiares odiosos porque tienen miedo de dar un espectáculo? ¿Cuántas personas hay que están haciendo impunemente lavados de cerebro porque nadie se atreve a desafiarles? ¿Cuántas personas atemorizadas hay, y en cuán diferentes situaciones, que han descubierto que la mejor defensa puede ser un buen ataque?

Una sugerencia para la reflexión: por debajo del *matón* siempre está el *miedo*. Podemos comprobarlo la próxima vez que sintamos que alguien trata de rebajarnos o de hacer que desconfiemos de nosotros mismos. Miremos más allá de los actos y tratemos de ver a la persona que hay por debajo. Muy a menudo suele suceder como en la escena del final de *El Mago de Oz*, cuando Dorothy mira detrás de la cortina y no se encuentra con un mago enorme, terrorífico y extremadamente poderoso, sino únicamente con un hombrecillo tímido que gusta de asustar a la gente. No existe ninguna razón para las agresiones entre las personas aparte del miedo. Los controladores son personas que tienen miedo. El miedo está relacionado con su propia autodesconfianza e inseguridad subyacentes. Utilizan esta falta de confianza y de seguridad en sí mismos como un arma para ganar control sobre los demás. Pero este es su secreto y es preciso denunciarlo: los controladores no actúan desde la fuerza sino desde el miedo.

Ejercicio: Hacer una revisión de nuestra propia vida, Parte 2

Este es un ejercicio difícil que requerirá una buena dosis de autoexamen y de reflexión. Volvamos a nuestro libro de notas. La primera parte de la revisión de vida consistió en analizar nuestras influencias más tempranas. La hicimos con el propósito de comprender cómo influyeron las personas que nos rodean en algunas de las conclusiones a las que llegamos acerca de nosotros mismos. Ahora es el momento de analizar cómo nos las hemos venido arreglando para salir adelante.

Para empezar, analizaremos las conclusiones a las que llegamos y que estimularon la creencia en nuestra supuesta malformación y en la pobre imagen de nosotros mismos. Por ejemplo, si nuestro padre era reservado, ¿ensayamos diferentes formas de acercarnos a él? ¿Tratamos, por ejemplo, de agradarle sin tener éxito? ¿Desarrollamos la creencia de que si lo intentásemos con un poco más de fuerza, finalmente nos aprobaría? Si crecimos a la sombra de un hermano mayor, ¿encontramos otras formas de ganarnos la atención? ¿Nos rebelamos y nos convertimos en el "malo" de la casa?

¿De qué modo nuestra relación con los demás influyó en nuestra opinión sobre nosotros mismos? Tratemos de recordar cómo nos cambiaron los demás, a nosotros y a nuestra imagen de nosotros mismos. Tratemos de identificar cualquier pensamiento defensivo que podamos haber desarrollado para protegernos del exterior. En nuestro libro de notas podemos llamarle a esta sección: "La formación de mi concepto de mí mismo". Pongamos por escrito todo lo que nos vaya viniendo a la cabeza. Debería empezar a salir a la luz alguna pauta que marcara el trayecto que nos es propio y único en dirección a los problemas de autoestima. Este mismo trayecto también puede servir como un camino de vuelta a la autoestima positiva.

A continuación trataremos de identificar en qué medida somos unos Dadores, unos Tomadores, unos Frigoríficos y unas Personas Justas. Tratemos de clasificarnos en cada una de estas categorías en una escala del 1 al 10, con el 1 como valor extremadamente bajo y el 10 como valor extremadamente alto. Utilicemos las descripciones vertidas a lo largo del capítulo así como los resultados de la pauta que acabamos de identificar para ayudarnos en esta labor. Deberíamos encontrar que hay dentro de nosotros algo de cada uno de estos diferentes tipos de personalidad. Podemos encontrar que por encima de todo somos un Frigorífico, pero también y bastante a menudo un Dador; a veces podemos ser unas Personas Justas y en raras ocasiones un Tomador. Conocer nuestras tendencias conductuales nos será de ayuda cuando llegue el momento de hacer cambios concretos.

A continuación trataremos de confeccionar una lista de cosas específicas que hacemos y que podrían ser descritas como conductas de Dador, conductas de Tomador, conductas de Frigorífico y conductas de Persona Justa. Haremos cuatro listas por separado. También descubriremos cosas que hacemos para protegernos y que no encajan con ninguna de las cuatro categorías. Esto es saludable porque contribuye a definirnos adicionalmente como personas únicas. Escribiremos estas conductas en una página aparte; más adelante podremos pensar en nuestra propia denominación para describirlas.

Este ejercicio implica una labor constante; no debe hacerse de un tirón. Pero este esfuerzo inicial es especialmente valioso porque el resultado será la elaboración de una lista de objetivos específicos de cara a introducir un cambio en nosotros mismos. Dispondremos del primer paso para la curación, a saber, de una mayor conciencia de lo que realmente somos.

3

CÓMO SE CONTROLAN MUTUAMENTE LAS PERSONAS

El principal objetivo de un controlador es inducir la autodesconfianza dentro de la otra persona. Para comprender realmente la dinámica del control debemos contemplar simultáneamente al controlador y a la persona controlada. Ambos están totalmente entrelazados y dependen absolutamente el uno del otro. Se trata de una danza conjunta entre dos personas. Pero no se inicia a un nivel consciente o voluntario. No nos pasamos la noche en vela maquinando la forma de controlar a nuestra pareja. Y tampoco nos pasamos la noche en vela imaginándonos cómo podríamos ser controlados. Ciertamente, en ocasiones las acciones controladoras pueden ser muy conscientes y muy deliberadas. En las primeras etapas, sin embargo, rara vez suele haber una malevolencia intencionada; se trata más de protegerse a uno mismo que de agredir.

La relación controladora evoluciona de una forma gradual, al igual que la mayoría de las relaciones. Desgraciadamente, la mayoría de las personas no analizan ni planifican activamente la naturaleza de la relación que quieren tener con su pareja; no revisan periódicamente sus progresos en relación con el logro del tipo de relación que desean tener. La mayoría de las veces las personas dan por sentado que las relaciones acontecen sin más. Tienen una vaga idea de lo que es el matrimonio o la relación de pareja y dan por supuesto que sus parejas tienen esencialmente la misma idea y que sus relaciones se desarrollarán de una forma natural. Cuando las cosas empiezan a torcerse, se sienten perplejos; reconocen que algo no va bien y tienden a culpabilizar a su pareja de no obrar adecuadamente. También pueden culpabilizarse a sí mismos y pensar que son ellos los que no obran adecuadamente o no son en realidad lo bastante buenos o lo bastante inteligentes, o no dan lo suficiente como para llevar la relación por buen camino. No suele haber una serie de cosas concretas por hacer o por cambiar que podamos alegar; se trata más bien de una sensación vaga de que algo va mal y también suele darse al mismo tiempo la creencia de que las cosas acabarán resolviéndose por sí solas.

Algunas preguntas fundamentales

Si esto nos recuerda a nuestra propia relación, deberíamos hacernos algunas preguntas fundamentales: "¿Estoy abordando esta relación de una forma sana? ¿Estoy realmente abierto y decidido a comprometerme y adaptarme? ¿Me estoy aferrando a mis creencias, convencido de que si este tipo de relación fue lo bastante buena para mis padres, también lo será para mí? ¿Me he casado con alguien al que identifico con el progenitor que me rechazó, porque continúo esperando resolver los problemas de mi niñez? ¿Qué ideas preconcebidas estoy aplicando a esta relación?" Después viene la segunda parte: "¿Cuál es la aportación de mi pareja a esta relación?" Todas las preguntas que podamos formularnos acerca de nosotros mismos debemos aplicarlas igualmente a nuestra pareja.

La idea de que debemos analizar abiertamente el tipo de relación que queremos tener puede parecer algo sorprendente. No suele ser habitual en nuestra sociedad. Las parejas pueden hablar de lo que esperan en la vida. Pueden soñar juntos, tener ilusiones y tratar de compartirlas, pero rara vez suelen ir al fondo de la cuestión y más bien parecen mantenerse en un nivel idealizado. La realidad aparecerá más adelante. Existe la tendencia a concebir el compromiso como un estado o condición y no como una relación activa, susceptible de evolucionar y de cambiar. Sólo cuando las personas empiezan a sentirse cómodas y tienen la sensación de que la relación está bien atada, pasan de comportarse lo mejor posible a comportarse como lo suelen hacer normalmente.

De ahí el dicho de: "Se acabó lo que se daba", o "Adiós a la luna de miel". En algún momento después de establecer el compromiso, la realidad comienza a salir a la luz.

Surgen las preguntas. "En medio de tanta charla sobre el amor, los viajes que íbamos a hacer juntos, los hijos y los nombres que les íbamos a poner, ¿por qué no mencionaste que tienes la costumbre de estrujar la pasta de dientes por la mitad y siempre te la dejas abierta?" O, "Cuando hablé de la casa y del trabajo que me gustaría tener, y de que tenía la esperanza de que todos nuestros hijos pudieran ir a la universidad, jamás se me pasó por la cabeza que querías que colocara la ropa interior sucia en el cesto que está justamente al otro extremo de la habitación". Ciertamente, se trata de cosas pequeñas. Pero son muchas y pueden desembocar en críticas, riñas, decepciones y finalmente el desarrollo más sofisticado en actitudes hirientes –la defensividad. De muy diversas formas, los muros comienzan a levantarse y el distanciamiento se abre paso entre los miembros de la pareja.

Una vez más, debemos insistir en que la mayoría de la gente se comporta lo mejor posible durante las primeras etapas de la relación. No puede ser de otra forma, e incluso no debería ser de otra forma. Pero también deberíamos ser capaces de reconocer que esto es así y esperar que el comportamiento inicial cambiará más tarde o más temprano. Si nos lo esperamos, podremos hacerle frente y salir bien parados. Tal vez necesitemos tener pastas de dientes por separado, tal vez tengamos que cambiar de sitio el cesto de la ropa sucia, tal vez incluso necesitemos cuartos de baño separados. ¿Cómo pueden saber las parejas de antemano lo que necesitarán con objeto de adaptarse el uno al otro? Las parejas sólo pueden aprender sobre la marcha y hablándolo. No podemos cambiarnos los unos a los otros; antes bien, debemos aceptarnos mutuamente por lo que somos y adaptarnos a las diferencias que puedan generar fricciones. O de lo contrario iniciaremos una danza que conducirá a una lucha de poder y que, con toda probabilidad, finalizará en una ruptura de la relación o en el desarrollo de una relación controladora.

La comunicación negativa

Obviamente, dos personas pueden comenzar a transformar su relación en algo negativo de otras muchas formas. Lo importante es tomar conciencia de que ello tiene que ver siempre con la comunicación, aunque no necesariamente con las palabras. De hecho, puede tratarse incluso de lo contrario, como cuando el otro se decide a utilizar la estrategia del silencio. También puede tratarse de cosas pequeñas, como el poner los ojos en blanco, fruncir el ceño o mirar de una determinada forma. Las formas más sutiles de emitir un mensaje de desaprobación son tan hirientes como el enfoque verbal directo y más astutas. En el caso de verse interpelado, el emisor del mensaje siempre podrá decir: "Pero yo jamás dije eso. Sencillamente me interpretaste mal".

Este es el comienzo típico. Cada una de las partes empieza a descubrir algunas cosas acerca del otro que no le gustan, que le molestan. La reacción inicial puede consistir en dejarlo pasar, ignorarlo sin más. Pero más tarde o más temprano, a medida que la irritación aumenta, aparece la tendencia a dar las quejas, a criticar. En general, cuanto más tiempo decidamos aplazar el momento de afrontar un problema, más irritados nos sentiremos y más severas serán nuestras críticas cuando finalmente salgan a la luz. La amabilidad es algo que podemos perder con el paso del tiempo.

Cuando nos critican, nuestra tendencia natural es defendernos. "¡Pues claro que cierro la pasta de dientes!" Existe también la tendencia natural a contraatacar. "¿Y qué me dices de tu ropa interior por el suelo a cada dos por tres?" Imaginemos lo que sucede cuando una persona con un pobre concepto de sí misma es criticada. Imaginemos cuánto más virulenta será la defensa y el contraataque. De forma gradual, ambas partes pueden acabar dedicándose a encontrarse las faltas. Podemos experimentar algo similar a una sensación de victoria cuando cogemos a nuestra pareja con las manos en la masa. "Te pillé. Atrévete a negarlo". Esto puede derivar en una auténtica contienda.

Las críticas como una forma de control

La mayoría de los terapeutas coinciden en que, en el fondo, los problemas de pareja son problemas de comunicación. Los problemas de pareja proceden de muy diversas fuentes; las parejas tienen una amplia variedad de quejas y desavenencias. Pero éstas comienzan siendo problemas de comunicación y se resuelven al abordar los problemas de comunicación. Si el estilo de comunicación evoluciona en dirección a las críticas, y en especial si las críticas son constantes, la contienda puede derivar en una forma de control. En sí mismas y por sí mismas, las críticas no desembocan necesariamente en el control. Pero las críticas sistemáticas pueden conducir a una ruptura de la comunicación saludable y convertirse en una lucha por el control.

Es fácil imaginar una situación en la que dos personas se adaptan la una a la otra:

"Me encantan los guisantes".
"Me dan náuseas los guisantes".
"Podemos hacer los guisantes y también otra verdura".

Pero con demasiada frecuencia la adaptación no se produce. ¿Por qué? A lo largo de la mayor parte de la historia de la humanidad, el matrimonio fue percibido como un estado o condición. Los padres concertaban matrimonios para adquirir tierras, dinero o poder. Los romanos hacían que sus generales se casaran con las hijas de los caudillos conquistados para integrar al nuevo grupo dentro del imperio. En el contrato matrimonial no se daba por supuesto que ambas partes fuesen a cuidar el uno del otro. Muchas veces ni tan siquiera se habían visto antes de la boda. Se suponía simplemente que tendrían herederos. En todos los niveles de la sociedad, el concepto de un intermediario que hiciese de casamentero era bastante común.

La idea de casarse por elección es relativamente nueva. Pero una vez que se convirtió en algo habitual, la naturaleza del matrimonio cambió por completo. Pasó de ser una condición a convertirse en una relación dinámica entre dos personas. Pero la gente todavía tiende a decir: "Soy una persona casada", al igual que podemos decir: "Soy diabético". Es decir, la gente sigue tendiendo a pensar en el matrimonio como una condición en el registro del tener y no como algo en lo que están comprometidos libremente. En otras palabras, continúan tendiendo a jugarse la vida en el matrimonio. En cualquier momento, sin embargo, podemos tratar de influir en la evolución de nuestra relación –de mejorarla en dirección a algo semejante al cielo o bien de transformarla en un verdadero infierno.

¿En qué consiste el proceso de sembrar la autodesconfianza dentro de otra persona? Las páginas siguientes se ocupan de algunas de las tácticas de control más comunes y de cómo funcionan en manos de los Dadores, los Tomadores, los Frigoríficos y las Personas Justas. Es preciso insistir una vez más en que estas tipologías sirven únicamente para caracterizar estilos de comportamiento; las personas pueden manifestar más de un tipo de comportamiento. También existen muchas variantes de las tácticas de control que se describen a continuación. Estas tácticas las utilizan los controladores en general y no se limitan exclusivamente a un único tipo de personalidad con problemas de control.

Estrategias elementales de control

¿Los Dadores pueden ser controladores? Sí. Una estrategia muy común en su caso suele ser el comentario solícito:

> Jane, la Dadora, le dice a Jack, su marido: "Cariño, ¿ya sabes lo que le pasará a tu colesterol si te comes esa hamburguesa?"
> Jack: "Pero me apetece comerme esa puta hamburguesa. No creo que me vaya a morir por eso".
> Jane: "No entiendo por qué eres tan suspicaz y tan crítico con todo lo que digo. ¿No ves que sólo me estoy preocupando por tu salud? Siempre me estás atacando".

Hubo muchísimos mensajes en esta pequeña conversación. El tono del comentario inicial de Jane es el de una madre hablándole a un niño. ¿Qué sucederá después de mil o de diez mil declaraciones "solícitas" como esta? ¿En qué momento el receptor se enfadará y se pondrá a la defensiva, cuánto tardará en contraatacar? A continuación viene la respuesta de Jack. Parece un niño contrariado hablando con su madre. Incluye tanto la defensa como el ataque; es una respuesta emocional y pasa totalmente por alto la cuestión original de la salud. Aunque es defensiva, no se sostiene desde un punto de vista lógico. Jack ha caído en la trampa de responder emocionalmente a una declaración lógica. Una vez que Jack se ha enfadado, Jane ha ganado el control de la situación. Y entonces viene su declaración final, la que pretende inducir la autodesconfianza, el golpe de gracia. La primera frase contiene la acusación de insensibilidad ("eres tan suspicaz y tan crítico") y traslada la discusión de lo específico a lo general ("con todo lo que digo"). Esta es una forma de agravar la discusión. Jane adopta la posición de mártir y añade una justificación a su comentario solícito: "Sólo me estoy preocupando por tu salud". El tema subyacente del Dador es preocuparse siempre de lo que es mejor para el otro. Finalmente, vuelve el estoque contra ella misma: "Siempre me estás atacando".

Pensemos en ello. Jack acaba de ser acusado de perpetrar un ataque. Lo mira retrospectivamente y cree que Jane tiene razón. Recuerda su agresividad cuando Jane le criticó por comerse una hamburguesa –excepto que ahora no lo ve como una crítica, sino como una forma de cuidar de él y de preocuparse por él. "Y si mi pareja se preocupa por mí, ¿qué derecho tengo yo a enfadarme por eso?", se dice Jack para sus adentros. "Me siento rebajado, pero no puedo indicar nada en concreto que se haya dicho para hacer que me sienta de esta forma. ¿Acaso soy un desagradecido? ¿Por qué me siento atrapado? ¿Por qué me siento controlado? ¿Por qué no puedo comerme de vez en cuando algo que me perjudique? ¿Estoy en un error? ¿Me pasa algo?"

Este fue un ejemplo, a un nivel muy elemental, de una conversación controladora y de cómo ésta conducía a desconfiar de uno mismo. Esta simple conversación entre dos personas dejó a una de ellas con varias dudas acerca de su actitud. Utilicé el ejemplo del Dador sólo para mostrar que cualquiera puede convertirse en un controlador.

Una advertencia: los Dadores se preocupan sinceramente por sus parejas. De hecho, la mayoría de las personas enamoradas se preocupan por sus parejas y quieren lo mejor para ellas. A veces esta preocupación puede ser interpretada como un intento de controlar, cuando tal vez no sea el caso. No toda conversación como la anterior tiene el propósito de aumentar el control. Para evolucionar en dirección hacia una relación controladora, esta situación tiene que repetirse constantemente y socavar la propia seguridad personal mediante la inducción de la autodesconfianza.

Negar la aprobación

Los Tomadores tienen un estilo muy diferente de desarrollar una relación controladora. Introducen la autodesconfianza manteniendo a sus parejas en inferioridad de condiciones. La forma más sencilla de hacer esto consiste en negar la aprobación. ¿Nos suena esto familiar? Recordemos que los hijos de los padres que negaron una y otra vez la aprobación tienen grandes probabilidades de desarrollar la convicción de que no valen nada. También tienden a entrar en la adultez con fuertes necesidades de aprobación y muchos de ellos buscan de forma inconsciente parejas que se parezcan a sus padres. A menudo acaban juntándose con Tomadores que están en perfectas condiciones de ayudarles a proseguir su lucha infantil por la aprobación –en base a negársela.

Los Dadores suelen acabar juntándose con Tomadores y esta es la razón. Los Dadores tienen una enorme necesidad de aprobación externa y están convencidos de que la lograrán si se esfuerzan lo bastante, si aman lo bastante, si dan lo bastante. Un Tomador puede jugar con esta necesidad. Por ejemplo, al negar su aprobación el Tomador puede hacer que el Dador siga intentándolo con más fuerza. En base a centrar la atención en las inseguridades, los errores, las faltas, los defectos del Dador –esto es, manteniendo una actitud negativa– el Tomador logra atrapar al Dador. En definitiva, el Tomador hará que la relación evolucione en dirección a que el Dador jamás sea valorado, ni elogiado, ni aceptado. Cuanta más aprobación se le niegue, más se centrará el Dador en otras formas de ganar la aceptación –excluyendo cualquier otro tipo de pensamientos.

Esta es una parte muy importante del arte de controlar a otra persona. Podemos determinar el foco de atención de nuestra pareja jugando con sus necesidades. Existe una forma muy antigua y eficaz de disciplinar a los niños que dice: Entérate de lo que quieren y quítaselo. Pues bien, si esto funciona con los niños, ¿por qué no habría de funcionar con los adultos? Si el controlador es capaz de identificar las necesidades de su pareja y negárselas, podrá convertirla en una persona controlada. Esta estrategia no da resultado si se lleva a cabo precipitadamente. De hecho, la mayoría de las veces el controlador suele empezar colmando a la pareja de las cosas que ésta necesita. Esto genera el hambre de más. Ya se trate de amor, aceptación, atención o simplemente de que nos tomen en serio, cuanto más de todo esto dé inicialmente el futuro controlador, más pensará la futura persona controlada que ello seguirá siendo así eternamente. Más adelante, cuando la relación esté firmemente asentada, el controlador puede empezar a poner condiciones. El pacto comienza de este modo: "Si quieres esto, primero tienes que hacer lo otro".

A medida que el Tomador va dando gradualmente cada vez menos de lo que el Dador necesita, éste tratará cada vez con más fuerza de obtener la recompensa. A medida que esto sucede, cada vez será menos probable que el Dador se percate de la actitud del controlador o de la naturaleza global de la relación. La mayoría de las personas controladas tienen una cierta conciencia de lo que les está sucediendo con sus parejas. Pero suele ser una conciencia vaga y no suele estar claramente definida. Un Dador puede tener la sensación de que su pareja se ha vuelto mezquina, indiferente, insensible o incluso egoísta; pero también suele tener la idea de que, simplemente con que hiciera las cosas de otra forma, la relación volvería a ser como al principio. "Quiero volver a encontrar a la persona con la que me casé".

Negar la aprobación es un proceso evolutivo. Puede quebrarnos el ánimo en el caso de que vaya lo bastante lejos. Puede transformar a un Dador en un Frigorífico.

Olvidarse

Un Frigorífico puede controlar olvidándose de las necesidades de su pareja. Hay una sutil diferencia entre negar la aprobación deliberadamente y olvidarse de la pareja. Olvidarse puede ser más aceptable socialmente que el hecho de herir deliberadamente a otra persona, pero sus efectos pueden ser similares.

En ambos casos, el proceso debe ser gradual –y ello quiere decir que tiene que haber constancia. Si no existe una pauta de conducta que tenga el propósito de inducir y de explotar la autodesconfianza, la pareja no se sumará al proceso del control. Larry puede olvidarse de un aniversario sin que ello tenga un efecto dañino sobre Lucy, su mujer, pero, ¿y si se olvida de todos los acontecimientos importantes? Llegará el punto en que Lucy se sentirá despreciada. Pero Larry simplemente... se olvida. ¿Cómo puede Lucy enfadarse por eso? Pero Lucy se enfada y trata de hacer saber cuáles son sus necesidades. ¿Y qué sucede? Se convierte en el malo de la pareja. "No la entiendo, siempre se está quejando", dice Larry. "Se me olvidó, y nada más. ¿Por qué se altera tanto?"

Veamos otro ejemplo: Asistimos a una reunión en una localidad muy agradable. Encontramos habitación en un gran hotel con piscina. Las comidas las paga la empresa porque se trata de una reunión de negocios. La reunión finaliza a primera hora de la tarde del viernes y tenemos libre el resto del día y toda la mañana del sábado. Subimos a nuestra habitación para estar arreglados cuando nuestra pareja se sume a nosotros en lo que pretendemos que sea una velada muy romántica. Una semana antes nos había prometido solemnemente que se reuniría con nosotros a las seis en punto como muy tarde. A las seis y cuarto, mientras deambulamos impacientemente por la habitación, suena el teléfono. Sentimos un nudo en el estómago, ya sabemos quién es. Respondemos al teléfono y las primeras palabras que escuchamos de nuestra pareja son: "Adivina lo que me pasó, cariño, se me olvidó por completo".

Tal vez esto mismo nos haya sucedido tan a menudo que empezamos a sentirnos desenamorados. Tal vez empecemos a preguntarnos qué hemos hecho mal. Podemos llegar fácilmente a la conclusión de que ya no somos tan importantes para nuestra pareja. Las dudas acerca de uno mismo pueden comenzar a generarse.

¿Qué hacer con una persona que se olvida? En las relaciones personales es difícil responsabilizar a alguien por olvidarse de las cosas, especialmente de las cosas pequeñas, de las cosas cotidianas. Recibimos una y otra vez las disculpas, las promesas de que no volverá a suceder y las garantías de que, si hubieran sabido que era algo tan importante para nosotros, jamás habrían dado lugar a que sucediera algo semejante. Seguimos teniendo una enorme sensación de rechazo, de no ser valorados, y preguntándonos si hemos dejado de ser atractivos o deseables –pero no podemos hacer nada. Cualquier acción que pudiéramos emprender nos colocaría en la posición de ser unas personas mezquinas, vengativas y exigentes. Se trata con mucho de una situación imposible.

Con el paso del tiempo crece la frustración. Las heridas no se olvidan y se van acumulando. Para evitar sentirnos heridos, dejamos de planificar fines de semana románticos. Gradualmente podemos convertirnos en lo que nuestra pareja ha venido buscando todo el tiempo: en otro Frigorífico.

Las Personas Justas y el control

Consideremos a las personas a las que llamamos Justas como aquellas que han logrado llegar a la adultez razonablemente libres de autodesconfianza y que no llevan dentro de sí el enorme impulso de controlar a nadie. Pero ello no quiere decir que jamás se conviertan en unos controladores. Nadie es inmune. Cuando una Persona esencialmente Justa entabla una relación con alguien inseguro, el resultado puede ser una lucha de poder entre ambos. Las luchas de poder tienen que ver esencialmente con el control –una de las partes ganará y se convertirá en el controlador y la otra perderá y se convertirá en la persona controlada. O esto, o bien la lucha de poder se desplegará a lo largo de toda la relación en ausencia de un ganador o un perdedor claramente definidos.

La Persona Justa que se ve ante la perspectiva de una lucha de poder tiene la opción de abandonar la relación, rendirse totalmente o enzarzarse en la lucha. Sorprendentemente, cuanto más quiera una Persona Justa a su pareja, mayor será la inclinación a enzarzarse en la lucha de poder en lugar de dejar a la otra persona o de rendirse a ella. El amor impide que Mary se decida a dejar la relación y el amor es el elemento que la convence de que las cosas podrían funcionar perfectamente simplemente con que Harry y ella consiguieran resolver sus problemas de relación. La Persona Justa se concentra en la relación sana que le parece entrever: "Si pudiera hacer que te dieras cuenta de lo maravilloso que eres y de lo bien que estamos juntos, te sentirías dichoso con nuestra relación".

Desgraciadamente, el elemento "nuestra" de la relación significa en realidad la idea que tiene la Persona Justa de lo que es una relación amorosa. La Persona Justa dispone probablemente de una buena definición acerca de en qué consiste una relación amorosa sana. Esta definición puede estar basada en una relación de igual a igual, en disponer de espacio y libertad personales, en el respeto y la confianza mutua, y demás cosas saludables. Pero a menos que ambas partes tengan o sean capaces de adoptar en esencia la misma definición acerca de lo que debe ser una relación normal, continuarán reñidos. No es una cuestión de verdadero o falso, de mejor o peor; es una cuestión de desacuerdo. Si la pareja no puede adoptar libremente y con plena convicción la definición Justa de lo que es normal, ambas partes entrarán finalmente en conflicto. Si, por ejemplo, Harry se siente incapaz de mantener una relación de igual a igual, la sola idea le resultará amenazante y se resistirá. Lo que fácilmente puede frustrar a Mary.

Recordemos que Mary está convencida de que la relación entre ambos puede ser sana y satisfactoria para los dos simplemente con que Harry pueda convencerse de otro tanto y, para lograrlo, Mary trata de asumir el control (con la mejor de las intenciones). Esto es, Mary opta por enzarzarse en la lucha de poder con la intención de imponerle a Harry su concepto de lo que es una relación sana, "para demostrarle lo dichosa que podría ser una relación de esas características".

Lo que la Persona Justa no advierte es que la implicación en esta lucha de poder pasa necesariamente por la inducción de la autodesconfianza. Hay en todo esto una gran ironía: La Persona Justa quiere que su pareja sane, sea fuerte y saludable, recobre la confianza perdida –pero para lograr esto es preciso inducir la autodesconfianza. ¿De qué otra forma puede alguien neutralizar las defensas de otra persona salvo haciendo que renuncie a ellas? Cuando no existe ninguna lucha de poder, esto puede hacerse con amor, apoyo y un respeto inquebrantable. Pero en una lucha de poder el posible ataque por parte del otro debe ser contrarrestado. Esto sólo puede hacerse intentando desarmarlo.

La Persona Justa tiene una forma muy sencilla pero extraordinariamente eficaz de neutralizar las armas de su pareja –simplemente señalándolas cada vez que sean utilizadas. Al identificar una táctica de control que una persona pueda estar utilizando, la estrategia deja de funcionar. Sumemos a esto las dudas subyacentes de la pareja respecto de que la estrategia fue utilizada principalmente para protegerse, y aquélla quedará en inferioridad de condiciones. Se puede inducir la autodesconfianza concentrándose en las faltas y los defectos de una persona. Veamos un ejemplo: "Cariño, hoy estás extraordinariamente crítico, da la impresión de que necesitaras humillarme. Si no fueras tan inseguro, no tendríamos necesidad de tener que pasar por esto a cada dos por tres".

¿Cómo responde Cariño ante esto? ¿Niega que sea crítico o inseguro? Esto es lo de menos, el cebo ha atrapado a la presa. Una vez acumulado el suficiente número de pequeños análisis como el anterior, la autodesconfianza aumentará, y si aumenta lo bastante, el poder y el control pasarán a la Persona Justa.

A menudo la Persona Justa acaba ganando el control que jamás quiso tener. Aunque el objetivo consistía en crear una relación sana, la lucha de poder derivó en el resultado totalmente opuesto. La Persona Justa pasa a tener toda la responsabilidad y la persona controlada no acepta ninguna en absoluto, dentro de lo que se convierte en una relación del tipo adulto-niño. En lugar de brindar la atmósfera para la curación, Mary convenció a Harry de que existen fuertes razones para que se sienta inseguro.

La Persona Justa puede acabar sintiéndose incapaz de abandonar la posición controladora. Irónicamente, las conductas que la Persona Justa está utilizando para enzarzarse en la lucha de poder son las mismas que normalmente consideraríamos como modalidades sanas de comunicarnos de una manera sincera y directa.

Pero existen formas de evitar este problema. Como de costumbre, es menos importante lo que decimos que el modo como lo decimos. Una cosa es decir: "No tienes por qué dudar de mí. Te quiero por lo que eres". Y absolutamente otra decir: "Te comportas de esta forma porque no tienes la menor confianza en ti mismo". Una de estas expresiones ofrece una aceptación incondicional; la otra puede interpretarse fácilmente como un ataque, concebido conscientemente como tal o no. Muy probablemente, una de estas expresiones generará una sensación de tranquilidad, mientras que la otra generará autodesconfianza o defensividad. Lo cierto es que la Persona Justa, o cualquier persona en general, sólo puede limitarse a brindar amor, apoyo, respeto y seguridad a su pareja. Nadie puede hacernos cambiar. El cambio sólo puede venir de dentro de nosotros mismos.

Conductas inaceptables

Hasta ahora nos hemos centrado en las tácticas verbales para controlar y ser controlado. Pero existe igualmente una serie de tácticas no verbales. La primera y más habitual son las conductas inaceptables. Son astutas y se requiere cierta audacia para desplegarlas. Pueden ir de lo extremadamente sutil a lo abiertamente detestable. Pueden ir dirigidas a la persona controlada estando a solas, o bien desplegarse a la vista de una audiencia más amplia. Una persona puede dar la impresión de ser la más simpática, agradable, amable y cariñosa del mundo delante de los demás y convertirse en Mr. Hyde tan pronto como desaparecen los invitados.

¿Qué son las conductas inaceptables? En primer lugar, son acciones o palabras utilizadas para dejar a la pareja en inferioridad de condiciones. Suelen ser perturbadoras para la pareja y cuando se despliegan delante de otras personas, suelen provocar que la pareja trate de excusar al controlador. Suelen ser de naturaleza agresiva, pero no tienen por qué ser manifiestamente agresivas. Lo que todas ellas tienen en común es que atentan contra lo que generalmente consideramos aceptable, especialmente en público. Una mujer que critica en voz alta a su marido delante de otras personas; un marido que, en un restaurante y delante del camarero, le dice a su mujer que no puede pedir determinado plato porque es demasiado caro; un padre que humilla a un hijo delante de sus iguales; un cónyuge que en medio de una comida o de una fiesta no se suma a la conversación y repetidamente pone los ojos en blanco y mira el reloj; una persona que aparentemente está gravemente deprimida mientras está a solas con su pareja, pero que se convierte en el alma de la fiesta tan pronto como otras personas hacen acto de presencia –todos estos son ejemplos de conductas inaceptables. Suele tratarse de cosas pequeñas que ejercen un gran impacto sobre la pareja, aunque pasan prácticamente desapercibidas para los demás.

Existen innumerables incidentes o conductas inaceptables que se desarrollan a nuestro alrededor todos los días, pero apenas las advertimos a menos que nos afecten personalmente. Si las advertimos, pueden generar una reflexión momentánea –tales como que la persona que las lleva a cabo es un estúpido o un maleducado– o podemos experimentar un impulso momentáneo de simpatía por la persona que sea blanco de la misma. Incluso en el caso de que la conducta inaceptable nos afecte, lo más probable es que la pasemos por alto considerándola como una mera grosería. Podemos pensar algo así como: "Él es así y no nos queda más remedio que aceptarlo como es".

En definitiva, no tenemos por qué esperar que las personas se comporten de una forma diferente a como lo suelen hacer normalmente por el simple hecho de que haya otras personas delante, ¿no? Para comprender la eficacia de una conducta inaceptable, debemos ver el incidente a través de los ojos de la víctima elegida como blanco. Se está desplegando un proceso claramente definido entre dos personas, aunque a la vista de los demás.

Las malas caras en público

Un buen ejemplo de alguien que utiliza la conducta inaceptable como una táctica de control es la persona que pone mala cara en medio de una reunión familiar. Esta táctica es especialmente eficaz si la persona en cuestión preside la mesa. En cierta ocasión, el controlador fue Paul y la persona controlada fue Kate, su mujer. Kate recuerda el día que celebraron la comida de Navidad con la familia. Había muchísimos invitados y los preparativos fueron agotadores. Kate se estaba esforzando al máximo por preparar una magnífica comida mientras que Paul se limitaba a permanecer fuera sentado en un rincón sin hacer nada. Cuando los invitados empezaron a llegar y la comida estaba prácticamente a punto, Paul optó por retraerse y se fue a otra habitación a ver un partido de fútbol. Kate se puso nerviosa y preocupada. Sentía las miradas fijas y las preguntas tácitas. ¿Qué podía hacer? Si iba a buscarle y le preguntaba si le pasaba algo, la respuesta sería: "No, simplemente necesito un pequeño descanso antes de que nos pongamos a comer". Desgraciadamente, esta no era la primera vez que Paul se comportaba de esta forma.

La comida estaba puesta y todos los invitados en la mesa, cuando llegó Paul con el ceño fruncido y cabizbajo. Se mantuvo retraído y sin abrir la boca. Comió muy poco. Su silencio pesaba más que la conversación que se desarrollaba alrededor. Todos los intentos de sacarle de su actitud fracasaron; en el mejor de los casos los zanjó con monosílabos. Gradualmente la atmósfera se fue volviendo cada vez más tensa y la conversación envarada y artificial. Mientras tanto, Kate se sentía cada vez más responsable del estropicio. Según ella, fue un desastre. Estaba enfadada con Paul, pero también se culpaba a sí misma por la conducta de su marido, pensado: "Si me hubiese mostrado más agradable con él durante la mañana..."

Después de comer, en la cocina y sin que Paul pueda oírla, Kate se dedica a excusar a Paul y su forma de comportarse: "Está tan estresado últimamente..." Kate tiene miedo de que, si no logra restablecer la armonía y los invitados se van sintiéndose incómodos, a ella, por asociación, la pondrán por los suelos. Nadie querrá volver.

Existen muchas variaciones sobre este mismo tema. Tal vez el cónyuge beba demasiado y esté demasiado chillón e insultante durante la comida, tal vez se muestre en desacuerdo con todo lo que digan o tal vez será más sutil y le transmitirá mensajes sólo a su pareja. Al margen del método empleado, el hilo conductor es que la persona se comporta de una forma inaceptable y consigue que su pareja acepte este comportamiento.

El control se logra haciendo que la persona acepte la conducta inaceptable. ¿Cómo? Al aceptar lo inaceptable, cedemos una parte de nosotros mismos. Al encubrir la actuación de otra persona, permitimos que ésta se desarrolle sin consecuencias. Al pretender que la actuación es aceptable o al tratar de excusarla, nos sumamos a ella y participamos en el juego del control. Lo que se deriva de esto es un proceso que incluirá toda una serie de conductas inaceptables cada vez más dramáticas y cada vez más directas.

Los mensajes subyacentes

¿Por qué actuaría alguien deliberadamente de una forma inaceptable, y especialmente delante de los demás? La respuesta a esta pregunta es importante. Recordemos que hay un intercambio de mensajes entre las dos personas, el controlador y el controlado. Cuando la conducta inaceptable tiene lugar delante de los demás, el primer mensaje es: "¿Lo ves? Puedo salir impune, incluso delante de los demás". Esto sirve a dos propósitos –hacer que la persona controlada se sienta cada vez más indefensa dentro de la situación y acrecentar las dudas acerca de ella misma.

"Si puede salir impune delante de los demás, ¿cómo puedo hacer que nadie vea lo que me está pasando realmente?", podría pensar la persona controlada. "¿Cómo puedo hacer que nadie me tome en serio?" Con el tiempo, es probable que la persona controlada se confíe menos a los demás, ya sea por vergüenza o por la sensación de que los demás creen que la conducta inaceptable es correcta. Si los demás se quedan en silencio, por educación o porque asumen de hecho que la conducta no tiene nada de malo, ello no hará sino aumentar la autodesconfianza de la persona controlada. "¿Le estaré dando demasiada importancia? Si a los demás no parece molestarles, ¿por qué a mí me molesta tanto? ¿Es posible que yo sea la única persona que está en un error?"

Las personas que dudan de sí mismas desarrollan la costumbre de observar las reacciones de los demás y compararlas con sus propias reacciones. Generan una especie de criterio mental para medir la exactitud y el realismo con el que interpretan las cosas, y en especial sus reacciones frente a sus parejas controladoras. Desgraciadamente, el criterio mental no es exacto porque los demás pueden perfectamente estar conteniéndose simplemente para evitar montar un espectáculo.

El segundo mensaje que el controlador envía va de hecho dirigido a la audiencia en el caso de haberla: "Estar a nuestro alrededor puede convertirse en una experiencia desagradable". Una de las estrategias del controlador consiste en aislar a la persona controlada en la medida de lo posible. La influencia externa, y especialmente los familiares y los amigos de la persona controlada, representa una amenaza para el controlador. Siempre existirá el peligro de que alguien de fuera ayude a la pareja a identificar la naturaleza controladora de la relación. Las conductas inaceptables sirven al propósito de ahuyentar a los demás. A medida que los familiares y los amigos se van apartando, la persona controlada queda más firmemente encerrada dentro de la relación.

El tercer mensaje es el más profundo, el más perturbador y tal vez el más devastador: "No tienes ningún sitio a donde ir y a nadie que pueda ayudarte. Estás sola y no tienes nada ni a nadie más que mí". Si la conducta inaceptable surte efecto, con el tiempo la pareja empezará a sentirse indefensa y perderá las esperanzas. Cuanto más capte la pareja el tercer mensaje, mayor será la aceptación casi fatalista de la relación –y menores los pensamientos de dejar la relación o de cambiar las cosas.

El anterior es sólo un ejemplo aislado de conducta inaceptable. Tiene que haber muchas comidas estropeadas, combinadas con otros incidentes, que se sucedan una y otra vez antes de que los mensajes sean captados y ejerzan el efecto deseado. Mientras tanto, la persona controlada tiene cierta conciencia de lo que está pasando, pero los demás no. Cuando las personas de fuera comprendan lo que está pasando, puede que a la persona controlada apenas le quede confianza en su propio juicio. Todo esto requiere su tiempo y el efecto debe ser gradual. (Si se hubiera comportado de una forma tan despreciable la primera vez que lo llevamos a nuestra casa para presentárselo a nuestra familia, ¿lo habríamos vuelto a llevar? ¿Habríamos vuelto a quedar con él?)

Las agresiones verbales

Si pensamos en el uso de las conductas controladoras a lo largo de una escala ascendente, de lo malo a lo peor, las agresiones verbales vienen a continuación. Las agresiones verbales son un ataque directo a una persona, incluidas las groserías, los insultos, los comentarios despectivos, el sarcasmo, las bromas o los chistes a expensas del otro y cualquier otro atentado verbal con objeto de rebajar de una forma directa la autoestima de otra persona. Con las agresiones verbales no hay cabida para los juegos de palabras, ni existen las sutilezas, sino únicamente el ataque frontal directo. Esta estrategia puede ser utilizada por cualquiera, especialmente cuando otras tácticas de control no están surtiendo el efecto deseado. El objetivo último continúa siendo el mismo: la persona que utiliza esta estrategia está tratando de inducir la autodesconfianza.

Tomemos la expresión: "Si no fueses tan borde, no me pondría tan agresivo".

¿Cómo puede este lenguaje inducir la autodesconfianza? Con la ayuda de la repetición constante, la naturaleza inaceptable de las palabras se pierde dentro de la lucha por comprender quién está provocando la agresividad y quién está equivocado.

En breve, el pensamiento puede desplazarse de "¿Tengo yo la culpa de que se ponga tan agresivo?" a "Puede que sea una borde, tengo que aprender a medir mis palabras".

De hecho, con el tiempo el blanco de la agresión verbal puede adoptar la misma táctica y ponerse también verbalmente agresivo. Es como si el blanco de la agresión aprendiera este nuevo lenguaje relacional de su pareja y tuviera la impresión de que es la única forma de salir adelante. Esto le brinda al controlador un arma más a utilizar para generar la autodesconfianza dentro de su pareja: "Ya sabes que tengo mucho genio y digo cosas muy feas, pero tendrías que oírte a ti misma de vez en cuando".

Esto nos devuelve a la naturaleza progresiva de todas las tácticas, la merma gradual de la autoestima y la inducción de la autodesconfianza. Pero esto sólo puede funcionar si la conducta inaceptable es aceptada. Volviendo al ejemplo anterior, en realidad nadie es responsable de las emociones de los demás. No existe la menor excusa para el lenguaje hiriente. Siempre somos responsables de nuestros actos. Es cierto que podemos sentir cosas espontáneamente. Las emociones son cosas que nos suceden y no cosas que hacemos que nos sucedan. Pero sólo nosotros podemos elegir las líneas de acción de las que nos serviremos para manifestar o para controlar estas emociones. Para salir impune de la discusión presentada en el ejemplo anterior, el controlador debe ante todo vender la idea de que su pareja es la que provoca su conducta. Sólo entonces la pareja aceptará la responsabilidad de la conducta inaceptable y sólo entonces podrán las conductas inaceptables volverse gradualmente cada vez más agresivas y despreciativas.

Debería haber una norma de conducta que exigiera que las personas se guardaran respeto y se trataran con respeto. Ciertamente, todos sin excepción hemos pecado alguna que otra vez de mala educación. Pero ello no disminuye la importancia de continuar esforzándonos por tomar en consideración los sentimientos de los demás cada vez que estemos a punto de decir algo y especialmente cuando lo que vayamos a decir podamos hacerlo en un tono agresivo.

Deberíamos tener siempre presente el ser educados. Pero igualmente importante es exigir respeto de las personas que se dirigen a nosotros. Ello significa negarse a discutir nada con alguien que nos está insultando abiertamente o diciéndonos cosas degradantes. Tenemos la obligación de defendernos de los ataques verbales. Es una de las pocas formas que tenemos de proteger nuestra autoestima y evitar la autodesconfianza. Si nuestra pareja nos ataca verbalmente, tratemos de responder a la siguiente pregunta: Si hubiese hablado al principio de la relación de la forma como lo está haciendo ahora, ¿habríamos mantenido la relación? Además, las agresiones verbales pueden conducir a la violencia física: debemos detenerlas desde el primer momento.

La violencia doméstica

La estrategia de control más extrema es la más difícil de abordar: la violencia doméstica. Los malos tratos son la más brutal y más directa de las conductas controladoras inaceptables.

La mayor parte de la violencia doméstica es perpetrada por hombres hacia mujeres, pero existen excepciones. Un paciente tenía problemas en controlar su agresividad y siempre parecía estar al borde de una cólera violenta; también tenía a una mujer que pesaba más de 100 kilos y que podía derribarlo del taburete de la cocina con un simple manotazo. Existen también muchos malos tratos que tienen lugar dentro de las relaciones con el mismo sexo, implicando tanto relaciones exclusivamente masculinas como femeninas. Pero lo cierto es que la abrumadora mayoría de los malos tratos son perpetrados por hombres hacia mujeres y tienen lugar dentro de las relaciones conyugales.

Los malos tratos suelen ser resultado de la frustración, al menos en sus etapas iniciales. Habitualmente comienzan a aparecer cuando otras estrategias de control empiezan a resquebrajarse y el supuesto controlador está en desventaja. Si tropieza con alguna resistencia, el controlador puede desplazarse de las estrategias de control más sutiles a la agresión verbal. De ahí no hay más que un paso a la violencia física cuando ninguna otra cosa parece surtir efecto. Pero, aunque a nivel superficial lo que tiene lugar es un acto de violencia, lo que sucede por debajo de la superficie es de hecho un acto de frustración y de miedo. Uno de mis antiguos pacientes era un hombre que, absolutamente exasperado después de una larga discusión, arrojaba algún objeto a la cabeza de su mujer al tiempo que le gritaba: "Si te limitases a hacer lo que digo, no tendríamos problemas".

Con frecuencia el alcohol o alguna otra sustancia adictiva desempeña algún papel en los malos tratos. Pero el alcohol no es la causa de que alguien maltrate a otra persona. El alcohol es un depresor del sistema nervioso y no un estimulante. Lo que el alcohol hace es reducir el sistema de inhibición. En cierto sentido, tranquiliza la conciencia, lo que nos permite comportarnos sobre la base de lo que ya estaba por debajo de la superficie, pero permanecía cuidadosamente oculto a la vista. Existe una expresión en latín, "In vino veritas". La misma quiere decir: Con el vino aparece la verdad.

La mayoría de los casos de violencia doméstica muestran una pauta de discusiones constantes que van a más con el paso del tiempo. El controlador tropieza con cierta resistencia. A medida que las discusiones se le escapan de las manos y que se ve incapaz de recobrar el control sobre su pareja, aumenta la frustración. Ambas partes gritan cada vez más fuerte. Los insultos fluyen en ambas direcciones. Lo normal es que las dos partes se vuelven agresivas verbalmente. (Recordemos que el blanco de la agresión verbal puede aprender a adoptar la misma táctica para hacer retroceder al agresor). El controlador suele ser quien recurre a la violencia cuando las amenazas por sí solas no logran transmitir el mensaje oportuno.

Pasarse de la raya

Una vez que aparece la violencia dentro de una relación, casi podemos afirmar que se ha introducido un elemento de fatalidad. La víctima sólo tiene tres opciones: huir, pedir ayuda o aceptar la violencia. Este es un momento muy crítico en la vida de una persona, especialmente si la víctima es una mujer, lo que suele ser el caso. La razón de que el momento en el que tiene lugar el primer acto de violencia sea tan importante, es que la reacción de la víctima determinará la relación en lo sucesivo.

Trabajando como terapeuta de mujeres maltratadas, comprobé que la mayoría de las mujeres podían recordar claramente el primer incidente específico en el que sus parejas se propasaron físicamente. Algunas eran incapaces de recordarlo; solían decir que las cosas fueron sucediendo de una forma tan gradual que jamás advirtieron que sus parejas se estaban pasando de la raya. Pero ninguna de estas víctimas de malos tratos se había visto a sí misma como tal en un principio. Todas sin excepción habían racionalizado el primer incidente y muchas de ellas soportaron años de malos tratos antes de que pudieran advertir que lo que estaba sucediendo era esto y no otra cosa.

Lo que suele ocurrir es que encontramos la forma de disculpar el incidente. Una vez que ha tenido lugar el acto de violencia, el agresor pide grandes disculpas de inmediato, lo que casi siempre suele ser el caso después del primer o los primeros incidentes. Casi siempre aparece una preocupación y una condolencia instantáneas, junto con una serie de promesas cuyo objeto es apaciguar a la víctima. El gesto de apaciguar se convierte en parte integrante del círculo de los malos tratos; es absolutamente necesario de cara a mantener a la víctima en inferioridad de condiciones, confundida y dispuesta a darle al agresor otra oportunidad. Las víctimas se inventan excusas: "Si no le hubiese puesto tan furioso, esto jamás habría sucedido..." Y así sucesivamente.

Al igual que el alcoholismo, los malos tratos son una enfermedad progresiva. El nivel de violencia casi siempre aumenta, casi siempre se hace gradualmente más grave. Ello es así porque la violencia no le reporta al controlador lo que éste quiere; no destruye el espíritu de la víctima. Siempre habrá otra confrontación, otra discusión que se le escape de las manos, otro elemento más de frustración que supuestamente sólo puede encontrar una vía de expresión a través de arremeter físicamente contra alguien.

¿Porque utilizaría alguien la violencia física contra otra persona, y en especial contra su pareja? Para comprender cómo ha llegado a convertirse en lo que es la persona que perpetra la violencia, tendríamos que analizar muchos factores diferentes a lo largo de su vida; de niño puede que viviera o no la violencia como algo normal. Pero en el contexto de una relación adulta el agresor es responsable de sus actos, al margen de cualquier idea preconcebida de lo que pueda ser *normal* o de cualquier otro factor utilizado para racionalizar que una persona sea capaz de maltratar físicamente a otra.

El impulso a restarle importancia

La víctima de la violencia doméstica dispone de algunas opciones, pero tal vez no identificara lo que sucedió como un ejemplo de malos tratos. Existe un fuerte incentivo en el hecho de minimizar las pérdidas, esto es, en pasar por alto el incidente aislado y aceptar las disculpas. Aceptar las disculpas viene a ser más o menos lo mismo que aceptar el comportamiento. Tal vez esto no sea así a los ojos de la víctima, pero es casi totalmente cierto a los ojos del agresor. Éste ha salido impune. Si la víctima deja pasar el primer incidente, la aparición de un segundo incidente está prácticamente garantizada, lo que prácticamente garantiza un tercero y un cuarto incidente además de, en algún momento a lo largo del proceso, un aumento del nivel de violencia.

Si la víctima puede superar el impulso a quitarle importancia, si es capaz de emprender una acción definida, en ese caso tal vez exista una oportunidad de cambiar. ¿Significa esto llamar a la policía y poner una demanda? Algunos expertos piensan que es importante que el incidente figure en los archivos de la policía y disponer de un expediente abierto como un posible freno para la violencia futura. Otros alegan que si existe el firme compromiso de buscar ayuda externa –un consejero matrimonial, por ejemplo– las cosas pueden comenzar a cambiar. En el caso de adoptar esta última línea de acción, la víctima debe vigilar diligentemente cualquier posible intento por parte del agresor de sabotear la ayuda procedente del exterior.

Para ser sinceros, el pronóstico no es bueno. Una vez que aparece la violencia, la probabilidad de que el futuro traiga únicamente consigo más de lo mismo es inquietantemente elevada. También hay que considerar el impacto sobre la víctima. Al margen de cómo se resuelvan los acontecimientos, al margen del alcance de la regeneración que pudiera tener lugar, al margen de lo mucho que el agresor pueda cambiar o de lo mucho que pueda llegar a mejorar la relación –la víctima jamás volverá a ver al agresor de la misma forma. Para la víctima, la pareja siempre será una persona capaz de mostrarse violenta con la persona a la que quiere.

La coerción sexual

Son muchos los estados norteamericanos que reconocen actualmente la violación conyugal como un delito, pero las condenas son escasas. A una mujer le resulta muy difícil presentar cargos contra su marido porque "él quería hacer algo que yo no quería". Esta es la forma que suele adoptar la violación conyugal, con una persona obligando a la otra a realizar prácticas sexuales que ésta no desea o que considera inaceptables o repugnantes. Cuando la relación o la práctica sexual no es deseada y la pareja insiste, el control vuelve a ocupar un primer plano.

Somos dueños de nuestro propio cuerpo. Cuando nuestra pareja nos obliga a hacer algo que no queremos hacer, ello puede parecer casi un acto de prostitución. ("Venderé mi cuerpo a cambio de una noche de tranquilidad. Si no cedo ahora, tendré que estar pagando las consecuencias durante días"). Pero también es un atentado contra nuestro espíritu. Resulta difícil mirarse al espejo y que nos guste lo que vemos cuando nos sentimos como una prostituta.

En el extremo opuesto del espectro, el sexo puede utilizarse como un elemento de manipulación; una persona puede negarse a tener relaciones sexuales con el propósito de coaccionar a otra. Los asuntos que continúen pendientes antes de irse a la cama pueden afectar a lo que sucederá después de irse a la cama.

Es probable que pensemos que las negativas sexuales son el último grito en armas de mujer. En las luchas por el control, suele pensarse que el hombre es quien toma y la mujer es quien niega. Pero estas estrategias funcionan todavía más espectacularmente como tácticas de control cuando invertimos los estereotipos. Si la mujer es más exigente sexualmente de lo que el hombre es capaz de satisfacer, dispone de una forma excelente de degradarle. Puede generar ansiedad de ejecución en una sola noche. Pensemos en el poder coercitivo que esta mujer puede tener con tan sólo que haga algunos comentarios en público acerca del problema del rendimiento sexual mediocre. Y un hombre no puede encontrar mejor forma de inducir la autodesconfianza dentro de una mujer que hacerle saber que ha dejado de interesarle sexualmente. Negándose a tener relaciones sexuales, no deseándola físicamente, la ataca en su identidad ya no sólo en lo referente a la sexualidad sino igualmente en su condición de mujer y de pareja por derecho propio.

En lo referente a controlar y ser controlado, recordemos que existe una gran diferencia entre tener relaciones sexuales y hacer el amor. Si analizamos nuestra relación y lo que está sucediendo dentro del ámbito sexual, el mero hecho de retener este sencillo pensamiento puede facilitarnos la tarea de determinar si dicho ámbito sexual ha acabado por convertirse en el marco de una lucha por el control.

El cuarto de herramientas mentales del controlador

Los controladores almacenan las técnicas que utilizan en un cuarto de herramientas mentales. Imaginemos un cuarto de herramientas de los antiguos. En él hay un determinado número de herramientas colgadas de la pared. Se pueden ver varios tipos de martillos, destornilladores, tenazas, llaves inglesas, sierras y demás. Cuando tenemos un proyecto de por medio, seleccionamos la herramienta o herramientas que necesitamos para la tarea en cuestión que tenemos entre manos. Si tenemos que clavar un clavo en la pared, no elegimos una sierra para hacer esta labor; seleccionamos un martillo. Elegimos el tamaño apropiado del martillo según el tamaño del clavo. Si tenemos que aflojar un perno, elegimos una llave inglesa y no un destornillador.

Ahora imaginémonos esto mismo dentro de nuestra mente, un cuarto de herramientas mentales. Se trata de un lugar en nuestra mente donde reunimos, clasificamos y almacenamos las intervenciones mentales necesarias para llevar a cabo diferentes tipos de labores asociadas a las relaciones interpersonales. En la mente del controlador cada una de estas tácticas es cuidadosamente ordenada por categorías y colocada de modo que pueda localizarla fácilmente cuando precise de ella. Se utilizan sin ninguna emoción ni sentido de la responsabilidad respecto de sus posibles consecuencias. Muchas veces no las utilizamos de forma consciente, simplemente echamos mano de ellas y las ponemos en marcha a la manera de unas defensas automáticas. Pero otras muchas veces se utilizan también conscientemente y con premeditación. Muchas veces se eligen deliberadamente con el propósito de alcanzar un objetivo específico. En tales ocasiones, lo normal es que se utilicen para herir o castigar.

Si la pareja necesita que le bajen los humos, el controlador puede elegir un insulto. Si la pareja se está volviendo demasiado segura de sí misma, tal vez sea necesario utilizar las críticas, concentrar la atención en los defectos, resaltar los errores, con objeto de que su nivel de autodesconfianza se eleve nuevamente hacia donde debe estar para continuar manteniendo el control oportuno. Si la pareja se rebela o se resiste abiertamente, tal vez sean necesarias las agresiones verbales o incluso los malos tratos.

El objetivo de presentar las técnicas de control de esta forma no es otro que ejemplificar con qué frialdad puede elegirse una herramienta en particular. Lo cierto es que las palabras o los actos en sí mismos no significan nada para el controlador. Una vez que la persona que está siendo controlada descubre esta verdad, el controlador pierde su poder. Si el contenido de las palabras o de los actos concretos no tiene ningún significado para el controlador, al margen del propósito subyacente de provocar una reacción en el otro, también pueden no tener ningún significado para la persona controlada. Las cosas hirientes que decimos y hacemos sólo son hirientes si los demás les dan crédito.

Contenido versus proceso

Conviene que seamos conscientes de la diferencia entre el contenido y el proceso. El contenido es lo que las personas implicadas se están diciendo en concreto. Si nos centramos únicamente en el contenido, nos quedaremos pegados a la conversación verbal concreta. Esto es, sólo podremos trabajar con lo que se esté diciendo realmente y de hecho. Pero existe una forma totalmente diferente de participar en una conversación. Podemos concentrarnos en el proceso y no tanto en el contenido. Sería algo equivalente a imaginarnos que estamos flotando por el techo contemplándonos a nosotros mismos y a la otra persona involucrada en la conversación y observando lo que sucede.

Desde el techo podemos hacernos preguntas tales como: "¿Qué está pasando en este mismo momento? ¿Qué estamos tratando de conseguir cada uno de nosotros?" Con preguntas como éstas, desviando la atención de las palabras concretas, podremos desentrañar el juego mental que podría estar en activo, hacernos reflexiones del tipo de "¿Por qué está tratando de hacer que me sienta culpable?" e identificar las muchas técnicas de control que puedan estar siendo desplegadas.

Las estrategias de control son juegos mentales que no surtirán efecto si la otra persona se niega a jugar. No pueden controlarnos a menos que estemos de acuerdo en participar en el juego del control. La forma más fácil de evitar la participación es estar alerta a la aparición de las técnicas específicas de control y, una vez detectadas, mantenerse al margen. Mantenerse al margen significa rechazar el contenido concreto de lo que se está diciendo y no permitir que el proceso genere ninguna autodesconfianza. Si repasamos los ejemplos de control presentados a lo largo de este capítulo, es fácil identificar el momento en el que el controlador ganó la partida. Fue cuando sus palabras o conductas hicieron que la otra persona desconfiara de sí misma. Aunque el mensaje fuera finalmente rechazado, el controlador ganó la conversación. No debemos olvidar que el control es un proceso gradual. Podemos rechazar el mensaje de entrada, pero en la medida en que nos cuestionemos a nosotros mismos y le demos crédito a lo que nos digan, existen muchas probabilidades de que acabemos aceptando el mensaje y la autodesconfianza se introduzca en nuestros pensamientos.

Esta sección se ha centrado en el desarrollo de las relaciones controladoras. En ella hemos visto al controlador y a la persona controlada como partícipes en la evolución de una relación insana. Todo control implica de hecho la participación de ambas personas.

Se han presentado varias de las técnicas de control más comunes, incluidos los comentarios solícitos, las críticas sistemáticas, la negación de la aprobación, el olvido de las necesidades del otro, la concentración en los defectos o los errores, las conductas inaceptables, las agresiones verbales y la violencia física; todas ellas se almacenan en un cuarto de herramientas mentales. Ahora es el momento oportuno de analizar nuestras propias relaciones desde la perspectiva de estas actitudes.

Ejercicio: Hacer una revisión de nuestra propia vida, Parte 3

Esta es la última parte de la revisión de vida. Hasta ahora habíamos identificado a las personas que influyeron en nuestro desarrollo temprano y de qué forma. También analizamos la trayectoria mental que seguimos hasta desembocar en una conclusión errónea acerca de nosotros mismos, de nuestra naturaleza y de nuestra valía. Esperemos que ahora podamos ver más claramente cómo hemos llegado a donde nos encontramos y que el problema no consistía tanto en nuestra supuesta malformación. Ha sido nuestro intento de relacionarnos con los demás, de caerles bien, de que nos quieran y de ganarnos su aprobación lo que derivó en los problemas internos. Ahora es el momento de acceder a una visión más clara del efecto que han tenido estas creencias sobre nuestras relaciones.

Necesitaremos nuevamente nuestro libro de notas. Volveremos al pasado y haremos una lista de todas las relaciones serias que hayamos tenido. Reservaremos varias páginas para cada una de las personas que formaron o continúan formando parte actualmente de nuestra vida. Identifiquemos cuáles de estas relaciones desembocaron en el control y si nosotros fuimos el controlador o el controlado. Podemos haber sido cualquiera de los dos. Identifiquemos igualmente cuáles de estas relaciones no evolucionaron en dirección al control. Esto último es muy importante.

Analizaremos en primer lugar las relaciones en las que nosotros fuimos los controlados. ¿Se servía nuestra pareja de las técnicas de control mencionadas en este capítulo? Recordemos que se trata de las cosas que nos hicieron dudar de nosotros mismos y de nuestro propio criterio. También podemos volver a la introducción del libro y revisar la lista de preguntas expuestas allí para encontrar posibles indicaciones acerca de nuestra propensión a ser controlados. Tratemos de identificar las pautas de conducta que se repitan a lo largo de las distintas relaciones. El reconocimiento de estas pautas supone un paso muy importante para el cambio. Dichas pautas constituyen nuestros puntos ciegos o nuestras debilidades.

Supongamos, por ejemplo, que nuestro padre utilizó el olvido como una forma de controlar a nuestra madre. De la observación de esta actitud podemos haber concluido que los hombres suelen olvidar las necesidades de sus mujeres. En nuestro caso, esto nos parece una conducta normal en el marido. Esta definición de lo normal puede haber pasado a formar parte de nuestra propia relación adulta. Puede ser un punto ciego en nuestro carácter. Pero una vez que veamos que se repite una y otra vez, este tipo de conducta ya no nos parecerá normal y estaremos en mejores condiciones de reconocerla por lo que verdaderamente es: una táctica de control.

A continuación analizaremos las relaciones en las que fuimos los controladores. Hagamos una lista de las técnicas que utilizamos. Y lo más importante, tratemos de comprender por qué teníamos la impresión de que debíamos utilizarlas. Ello nos ayudará a identificar nuestras propias inseguridades.

Finalmente, analizaremos las relaciones que no desembocaron en el control. ¿En qué sentido diferían de las otras relaciones? ¿Qué sentíamos hacia la otra persona? ¿Cómo nos tratábamos el uno al otro?

¿Cómo manejamos nuestras inseguridades con la otra persona? ¿Por qué acabaron estas relaciones? Tomémonos el tiempo necesario para completar esta labor; estamos confeccionando un mapa de carreteras que nos ayudará a clarificar nuestra relación actual y nuestras futuras relaciones. El resultado debería ser un cuadro objetivo y diáfano de nosotros mismos y de la forma en que nos relacionamos íntimamente con otra persona. Esto nos ayudará a concretar mucho más cuando lleguemos a la fase del cambio propiamente dicho.

4

LA VIDA CON (Y SIN) RELACIONES CONTROLADORAS

Para comprender la naturaleza de las relaciones controladoras es importante analizar las relaciones que no están basadas en el control. Las diferencias entre ambas son sutiles en un principio, pero evidentes una vez que cobran forma.

Con todas las experiencias que hemos tenido en nuestros años de crecimiento y adultez antes de casarnos o comprometernos en una relación amorosa, no podemos evitar sacar algunas conclusiones acerca de en qué debe consistir este tipo de relación. Dado que las experiencias de cada cual son diferentes, es muy raro que dos personas tengan la misma definición de lo que es una relación de pareja. A medida que las diferencias en las definiciones respectivas se van haciendo cada vez más patentes, aparece una tendencia natural a eliminar las diferencias y crear una definición única. La forma en que una pareja aborda este proceso evolutivo contribuye más a definir la naturaleza de la relación que la resolución final, en el caso de alcanzarse. Los miembros de la pareja pueden competir entre sí o adaptarse mutuamente a través de la cooperación. La relación puede convertirse en una relación de rivalidad o de auténtico compañerismo. Son muchas las posibles formas que el proceso puede adoptar, pero lo principal es que gran parte de la naturaleza de la relación constituye el resultado del modo en que las dos partes se relacionan entre sí y no tanto de la definición formal definitiva de la relación.

El amor y las relaciones sanas

No siempre se da el caso, pero empecemos por suponer que la mayoría de las personas se casan porque están enamoradas o creen que lo están. Una vez más, las personas aprenden diferentes definiciones de la palabra *amor* –al igual que aprenden distintas definiciones de los restantes aspectos de las relaciones– a través del ejemplo de los demás, mezclado con sus propios pensamientos y experiencias. Pero en mi experiencia con parejas he podido advertir la presencia de algunos elementos básicos que, tomados conjuntamente, parecen definir lo que es un amor sano y una relación sana que no esté basada en el control. Parece haber ciertos prerrequisitos para que pueda darse el amor pleno dentro de una relación. Éstos incluyen la confianza, el respeto y el ser amigos íntimos.

Anteriormente definimos la confianza en relación con el hecho de volvernos vulnerables a otra persona. Esto puede resultar muy difícil en algunos casos. Abrir nuestro corazón a otra persona equivale a abrirnos a un dolor devastador si depositamos esta confianza en la persona equivocada. Esta es una de las razones por las que el amar plenamente supone un proceso que requiere tiempo. El solo hecho de asumir el riesgo asociado a confiar en otra persona requiere tiempo.

¿El "amor a primera vista" es siempre, pues, una ilusión? No necesariamente. Dependiendo de la situación, el "amor a primera vista" podría describirse con más exactitud como "placer a primera vista" o adoptar la forma de un encaprichamiento instantáneo. Pero existen igualmente ejemplos en los que dos personas se conocen y "saben" que están hechos el uno para el otro. Se puede decir que sus almas se reconocen mutuamente. Es decir, no existe una explicación lógica o terrenal, simplemente sucede sin más. Pero también estas personas, los que tuvieron la suerte de "reconocerse", tendrán que pasar por el mismo proceso de aprendizaje con objeto de llegar a confiar el uno en el otro, aunque tal vez con más rapidez y sin el miedo, la incertidumbre y las sospechas que otras personas puedan experimentar.

El segundo prerrequisito del amor es el respeto. La mayoría de la gente no presta la suficiente atención a este hecho. La relación tiende a volverse demasiado informal y con el tiempo comienzan a darla por sentado. Cuando aparecen los primeros desacuerdos les resulta difícil mantener el mismo nivel de gentileza y amabilidad del noviazgo.

¿Qué es lo que nos pasa? ¿A dónde va a parar esta gentileza y amabilidad? ¿Cómo es posible que le hablemos con dureza a la persona a la que amamos? ¿Cómo es posible que seamos irrespetuosos con la persona a la que queremos? ¿Qué nos dice esto sobre nuestra definición del amor?

Durante el noviazgo el respeto suele ser mutuo. Sólo cuando dos personas empiezan a hacer cosas para herirse mutuamente, comienzan a comportarse de una forma irrespetuosa. La mayoría de las veces la falta de respeto es una forma de apartarse y de crear distancias y suele verse acompañada de una disminución de la vulnerabilidad. También es producto de la frustración, relacionada habitualmente con la impresión de no sentirnos escuchados o comprendidos. Representa una erosión del amor. La falta de respeto no es un acto de amor y es difícil seguir queriendo a alguien que nos falta al respeto. Es difícil seguir queriendo a alguien que nos insulta, nos grita, nos ordena o presta escasa atención a nuestra persona y a nuestras necesidades. Sin respeto es muy difícil que el amor continúe vivo. Al igual que sucede con la confianza, ambas partes deben trabajar por respetarse mutuamente. Es preciso que muestren el respeto que se sienten para asegurarse mutuamente de que el amor continúa estando presente.

Con la pérdida del respeto vienen la indiferencia y el aislamiento ("No te dije cómo me sentía porque no quería que te enfadaras"). La mayor amenaza para una relación a largo plazo es el peligro de caer en una rutina que acabe con las dos personas dándose mutuamente por hecho para después irse separando lentamente de una forma casi imperceptible. Las relaciones pueden hacerse cansadas y es el cansancio lo que genera el entorno perfecto para desear un cambio de aires.

El tercer prerrequisito del amor es ser amigos íntimos. ¿Podemos amar verdaderamente a alguien que no sea igualmente nuestro amigo? Algunos pacientes me han confesado que aunque quieren a sus parejas no acaban de sentirse realmente cercanos. Estos mismos pacientes dicen sentir que falta algo dentro de su relación.

Las relaciones amorosas que no desarrollan un fuerte componente de amistad no suelen durar. Cuando dos personas se comprometen con excesiva rapidez, pueden convertirse en pareja e incluso casarse antes de llegar a conocerse plenamente; cuando realmente llegan a conocerse, suelen sentirse insatisfechos con su relación. La pasión suele ser la fuerza impulsora de este tipo de relaciones, pero mientras que la pasión puede aparecer y desaparecer, la amistad es el verdadero pegamento que mantiene unida una relación. La amistad puede sostener una relación en los malos momentos, y también en los buenos. La amistad demuestra ser de ayuda en las relaciones a largo plazo y en el transcurso de los cambios que obligatoriamente tendrán lugar con el paso del tiempo.

Qué papel desempeña la autoestima

Para confiar plenamente, tenemos que creer que somos dignos de confianza. Para mantener una relación respetuosa, tenemos que creer que somos dignos de respeto. Para ser amigos, tenemos que creer que somos dignos de amistad. Para amar plenamente, tenemos que creer que verdaderamente somos dignos de amor. Esta es la razón de que la autoestima y la seguridad básica sean tan importantes.

La confianza, el respeto, la amistad íntima y el amor incondicional no surgirán si no hay aceptación de sí mismo. La persona que se siente insegura y/o con una baja autoestima está demasiado preocupada por las percepciones de los demás como para poder abrirse plenamente. Si estamos convencidos de que hay algo verdaderamente malo dentro de nosotros mismos, es más probable que ocultemos nuestro *self* íntimo en lugar de abrirnos y volvernos vulnerables. El primer paso para amar consiste en aceptarnos como realmente somos. Entonces podremos aceptar al otro como realmente es. Recordemos que nos interesa el tipo de amor que no forma parte de una relación controladora. Existen muchas formas de definir el amor, pero la mayoría vienen acompañadas de algún tipo de obligaciones. Para evitar el control, el amor ha de ser pleno e incondicional.

La naturaleza del amor incondicional

La persona a la que amamos es la persona a la que amamos. Si tratamos de cambiar a esta persona y convertirla en otra, dejará de ser la misma a la que amamos. Esta es la razón de que utilicemos el término "amor incondicional". Amar incondicionalmente es amar a una persona exactamente como es, sin reservas ni obligaciones añadidas. Es saber que a su vez nos aman exactamente como somos, sin reservas ni obligaciones añadidas. También es saber que ambos nos merecemos un amor de estas características y que lo aceptamos como un don que nos ofrecen libremente.

Lo primero que hemos de aceptar es que no podemos cambiar a otra persona. Podemos cambiarnos a nosotros mismos, pero no a los demás. El hecho de que no podamos cambiar a otra persona es una de esas verdades profundas que la gente parece estar decidida a combatir. El proceso mental viene a ser algo así como: "Quiero a esta persona en su conjunto, pero tiene algunas cosas que no me gustan. Una vez que estamos juntos, una vez que nos hemos comprometido, puedo señalar esos defectos y, por supuesto, mi pareja los reconocerá como tales y los modificará".

Obviamente, esto no suele hacerse a un nivel consciente. Pero la gente percibe defectos en sus parejas y el hecho mismo de que vean los rasgos de carácter como defectos implica que están juzgando a sus parejas valiéndose de sus propios criterios.

Las probabilidades de que dos personas descubran que encajan perfectamente suelen ser aproximadamente las mismas que las de ganar la lotería. Siempre habrá algunas áreas en las que no encajen. De hecho, es probable que estas áreas de divergencia se vayan ampliando a medida que cada una de las personas implicadas evolucione individualmente. La cuestión es qué hacer con estas áreas. Hemos de hacernos la pregunta: "¿Puedo amar a esta persona sin poner ninguna condición?" Hemos de ser capaces de reconocer nuestras diferencias y decir: "Aunque tienes algunas cosas que no encajan demasiado bien con mi forma de ser, amaré igualmente estos aspectos porque también forman parte de lo que eres". Sin estos aspectos, nuestra pareja no sería la misma y por lo tanto no sería la persona de la que nos enamoramos por encima de las demás.

La persona que ama experimenta el amor como un sentimiento, pero la persona que es amada lo experimenta como un conjunto de actos. Sentimos amor y manifestamos amor. Si queremos transmitir amor, tenemos que demostrar amor una y otra vez y de tantas formas como nos sea posible. En este sentido, podemos decir que la palabra *amor* es más un verbo que un sustantivo. Lo que hacemos, la forma en que nos comportamos con otra persona, demuestra cómo nos sentimos en relación con ella. Si lo que sentimos por dentro es amor, nos comportaremos y hablaremos únicamente de forma amorosa.

La comunicación respetuosa

Si el amor, tal como lo percibe la persona que está siendo amada, es un verbo y la forma en que actuamos es una demostración de cómo nos sentimos, entonces la forma como nos hablamos el uno al otro constituye uno de los indicadores más fiables de nuestros sentimientos íntimos. Si alguien nos grita, nos chilla, nos insulta gravemente, nos da órdenes, nos desprecia, nos critica, nos está encontrando faltas constantemente y después en la cama nos dice: "Te quiero", ¿qué podemos creer?

Es fácil que dos personas entren en una rutina cuando se dan mutuamente por sentadas. Pero aunque esto sucediera, sigue sin haber excusa para hablarse irrespetuosamente. Un toque de amabilidad a nuestra comunicación puede evitar innumerables heridas que hacen que la confianza y el respeto sean tan difícil de mantener. Los pacientes en terapia mencionan las cosas más horrendas que les han llamado o que les han dicho personas que supuestamente les querían y esto es difícil de comprender. ¿Cómo pueden llegar dos personas al extremo de deteriorar su comunicación tan gravemente? La respuesta, por supuesto, tiene su base en la misma vivencia de inseguridad que genera la mayoría de los problemas de control. Si creemos que somos menos que nuestra pareja, estaremos siempre en guardia, siempre protegiéndonos y siempre dispuestos a responder a lo que percibimos como un ataque, al margen de que se trate de un ataque real o no.

Empezamos a repartir golpes a diestro y siniestro porque tenemos miedo o nos sentimos frustrados o tenemos la impresión de que no nos escuchan. Cuando las personas se emocionan en exceso, dejan de pensar y comienzan a reaccionar. Una réplica hiriente y el trato degenera en una rutina espantosa. Y sin embargo es fácil parar. Al primer signo de agresividad, sólo hace falta que alguien diga algo así como: "Vamos a dejarlo por un momento y a tranquilizarnos. Después podemos volver a intentarlo". ¿Es esto tan difícil? Ambos podemos disponer de un gesto previamente acordado para indicar la necesidad de un "tiempo fuera" –cualquier cosa que pueda frenar la situación antes de que nos emocionemos hasta el punto de quedarnos atrapados irreflexivamente en el intercambio de palabras. La decisión mutua de hablarse siempre con respeto contribuye enormemente a eliminar la necesidad de una lucha por el control entre dos personas que se quieren.

La importancia de la honestidad

Además de ser respetuosos, debemos ser honestos respecto de nuestros sentimientos. Habrá veces en que la sinceridad pueda herir a la otra persona. Podemos sentir o percibir algo que, si lo decimos, hará daño. ¿Qué hacer? Existen dos alternativas. Primera opción: de cuando en cuando heriremos a nuestra pareja por el hecho de ser honestos. Segunda opción: de cuando en cuando seremos deshonestos con nuestra pareja.

Obviamente, esto tiene su truco. Para desarrollar una auténtica relación amorosa que incluya cuerpo, mente y espíritu, debemos optar por abrirnos mutuamente. La honestidad incluye otros elementos que van más allá del mero hecho de ganar confianza. Tiene que ver igualmente con aprender el uno del otro.

Todos sin excepción tenemos nuestras susceptibilidades, nuestros puntos sensibles y nuestras zonas de peligro. Las vamos adquiriendo con los años a través de nuestras relaciones con los demás. Dos personas se acercan la una a la otra con tan sólo unas ideas muy vagas acerca de sus susceptibilidades respectivas. Tenemos que aprender el uno del otro y esto suele constituir un proceso de ensayo y error. Se trata fundamentalmente de aprender a decir las cosas de forma que no hagamos saltar al otro. Pero también tenemos que desvelar nuestras propias susceptibilidades y ello únicamente podemos hacerlo a través de la comunicación honesta.

Desvelar nuestras vulnerabilidades constituye un don de la confianza. Aunque la honestidad pueda ser hiriente en un primer momento, gracias a ella afianzaremos una relación más sana a largo plazo.

Aceptar las diferencias

Supongamos que dos personas que encajaran perfectamente llegaran a conocerse y formaran una relación. Serían un duplicado exacto el uno del otro. Podrían llegar a aburrirse hasta el extremo de que la relación no tardaría en acabarse. Son las diferencias las que hacen que una relación tenga alicientes, las que brindan la oportunidad de que dos personas puedan crecer.

Tenemos un objetivo, que consiste en avanzar y crecer tanto como ello nos sea posible dentro de los límites de nuestra existencia. ¿Qué mejor forma de alcanzar el máximo crecimiento que asociarnos con alguien con este propósito común –que encontrar a otra persona que tenga las cualidades que necesitamos para crecer al tiempo que nosotros tenemos las cualidades que ella necesita para su crecimiento?

Sorprendentemente, son muchas las personas que hacen esto mismo sin darse cuenta. Encuentran a otras que les ayudan a superar la necesidad de amor y aprobación por parte de los padres que echaron en falta durante la niñez. Un Frigorífico puede descubrir a un Dador y aprender a abrir la puerta del congelador y a dar. Un Tomador puede descubrir a un Dador y convertirse en un Dador. Un Dador puede descubrir a un Tomador y aprender a liberarse de la constante necesidad de aprobación por parte de los demás. En la medida en que el control no llegue a formar parte de esta última situación, puede funcionar bastante bien.

Un Tomador que quiera aprender a dar puede encontrarse con un Dador que quiera aprender a dejar de agradar indiscriminadamente a los demás y ganarse la propia aprobación. Juntos pueden formar una asociación sumamente eficaz. Pero tan pronto como alguno de los dos trate de cambiar al otro, se iniciará una lucha de poder. Si cada uno de ellos es capaz de aceptar que parten de posiciones diferentes y tienen objetivos similares, aunque no exactamente los mismos, y que cada uno de ellos tiene algo que aportar al otro en su propia evolución, es posible establecer una relación de ayuda mutua. Pero con demasiada frecuencia el Tomador se limita a seguir tomando y el Dador sigue esperando que le llegue el turno de recibir. Es decir, ambos permanecen estancados e insatisfechos, prosiguiendo sus luchas respectivas y sintiéndose infelices.

¿Pueden los Tomadores dejar de serlo? ¿Pueden cambiar de verdad? Lo primero que hace falta para que alguien pueda cambiar es que decida no seguir con más de lo mismo. No hay nada que hacer a menos que la persona desee cambiar. Con la ayuda del deseo, cualquier cambio se convierte en una posibilidad real.

Una nota de advertencia: Las personas atrapadas en relaciones con Tomadores suelen pasarse la vida esperando a que sus parejas cambien. No permitamos que el ejemplo anterior nos brinde más motivos para aferrarnos a un Tomador que no va a cambiar. Debemos tener presente que el cambio es difícil. Los controladores suelen estar tan consagrados a convencerse de que no tienen ningún problema –son tan constantes a la hora de culpabilizar a sus parejas y de mantenerlas confundidas y desequilibradas– que les resulta extremadamente difícil admitir que el problema está dentro de ellos mismos.

Con todo, es posible entablar relaciones positivas con combinaciones que podría parecer que están condenadas a fracasar. Para tener éxito es importante que seamos claros y honestos acerca de la naturaleza de la relación. Podemos crear una atmósfera de crecimiento con nuestra pareja si trabajamos en ello conjuntamente.

Aprender el uno del otro

¿Cómo podemos ayudar a nuestra pareja en su evolución personal? Simplemente siendo. Ayudamos a nuestra pareja siendo nosotros mismos en la medida de lo que humanamente (y por lo tanto imperfectamente) podamos. Nos abrimos, nos volvemos vulnerables y exponemos nuestras debilidades y nuestros puntos fuertes tanto como nos sea posible, y permitimos que nuestra pareja crezca a partir de ello. Al mismo tiempo observamos a nuestra pareja, que también está abierta y es vulnerable, y podemos aprender de ella lo necesario para que también nosotros podamos crecer.

Tomemos el ejemplo de un Tomador, Jake, y de un Dador, Sally. Dentro de esta relación, Jake observa a Sally en un esfuerzo por ampliar su perspectiva, por dejar de centrarse exclusivamente en sus propias necesidades y aprender a prestar atención a las necesidades de los demás. De forma gradual comienza a experimentar la alegría de dar y el cambio empieza a cobrar forma. Al mismo tiempo, Sally observa a Jake y, cuando no recibe lo que espera a cambio, aprende a darse más cosas a sí misma y a reconocer lo que realmente no puede recibir de otra persona: autoestima, seguridad, sentido de la adecuación. De forma gradual experimenta la alegría de la autoaprobación y el cambio empieza a cobrar forma. Ambos se desplazan en dirección a un punto intermedio. Jake se vuelve más generoso y Sally más segura de sí misma.

Si estudiamos detenidamente este ejemplo, veremos que al Dador inseguro tal vez le resulte más difícil crecer y sanar que al Tomador inseguro. La dificultad del Tomador estriba en superar el sistema de negación y admitir verdaderamente que el problema está dentro de sí mismo. La dificultad del Dador inseguro es de otra índole. El Dador no se oculta tras un sistema de negación, sino que recibe una validación del exterior a semejanza de la aprobación de los padres. El Dador debe renunciar a un estilo de comportamiento pretendidamente satisfactorio y que le brinda una sensación externa de seguridad, para desarrollar una sensación interna de seguridad que le brinde una satisfacción mucho más real. Pero esto supone ciertamente un reto muy difícil.

Dos personas pueden crecer y sanar conjuntamente cuando mantienen una relación de cooperación y no una relación basada en el control. Desgraciadamente, lo normal es entablar una lucha de poder y proseguirla a lo largo de toda la relación o evolucionar en dirección a una relación controladora.

En un sentido muy real, la elección estriba en crecer o estancarse. Nuestra pareja puede ser un motor que nos ayude a evolucionar en dirección a nuestro mejor potencial, o un ancla que nos mantenga envarados en el mismo lugar indefinidamente. Todo depende de nuestra actitud hacia nuestra pareja. Del mismo modo, nosotros podemos ser un motor o un ancla, dependiendo de la actitud de nuestra pareja hacia nosotros. El problema reside en que rara vez solemos ver estas alternativas como opciones reales que están a nuestro alcance. Antes bien, nos da la impresión de que, de una forma pasiva y no deliberada, nos limitamos a dejar que nuestras relaciones vayan evolucionando, querámoslo o no, hacia lo que indefectiblemente acabarán por ser. Necesitamos ser más conscientes de la naturaleza de nuestras relaciones y de que éstas son procesos que podemos controlar activamente. Necesitamos hablar acerca de estos procesos con nuestra pareja, necesitamos autorizarnos mutuamente a hacérnoslo saber cada vez que alguno de nosotros esté haciendo algo para tratar de cambiar al otro. Sólo así podremos volver a aprender el uno del otro en lugar de esforzarnos por cambiarnos en lo que no somos.

Observemos la expresión: Autorizarnos mutuamente. Esto nos ayudará a que la comunicación sea positiva en lugar de negativa. El hecho mismo de identificar una actitud controladora brinda una oportunidad para el crecimiento mutuo. Pero también brinda una oportunidad para el inicio de una lucha de poder. Puede acabar en una discusión constructiva o en una pelea. Con demasiada frecuencia evoluciona en la dirección negativa.

Cooperación versus competición

¿Por qué la gente suele iniciar una relación de una forma tan positiva, con tan buenas intenciones, sintiendo un amor tan dichoso, tan satisfechos el uno del otro, para acabar adoptando gradualmente un giro negativo? ¿Por qué la gente hiere y hace daño a las personas a las que más quieren? Volvamos a pensar en cómo aprendemos a definir lo que nos parece normal. Si observamos lo que sucede a nuestro alrededor, podemos acabar aceptando la idea de que el conflicto constituye el estado normal dentro de una relación amorosa. Pero la cosa no acaba aquí. La cultura misma está inundada de la idea de que los sexos están atrapados en una lucha interminable.

Probemos a hacer el siguiente ejercicio informal. Obliguémonos durante un par de semanas a ver un episodio de cada una de las comedias de la televisión, incluidos los dibujos animados. Mientras las vemos, tendremos al alcance un libro de notas o una hoja de papel que dividiremos en dos secciones. Llamaremos a la primera sección "relaciones de cooperación" y a la segunda "relaciones de competición". La tarea consiste en clasificar cada una de las comedias en la categoría apropiada. La dificultad estriba en encontrar alguna que pueda ir a parar a las llamadas relaciones de cooperación.

Si somos capaces de identificar una relación de cooperación en la televisión, constituirá la excepción. En su lugar, nos encontraremos muy probablemente con una preponderancia de relaciones formadas por un hombre de características adolescentes y una mujer muy responsable. La esencia del argumento consiste en que el hombre trata de salir de algún apuro y la mujer demuestra ser más lista que él con la ayuda de su inteligencia y de su sentido común. A esto es a lo que llamamos comedia actualmente. Años atrás, en la década de los 50, la esencia de la comedia consistía en presentar a un ama de casa insegura y un tanto simplona metiéndose en todo tipo de problemas, y la tarea del marido, que disponía de un mayor sentido común, consistía en llegar a casa al final del día y en los cinco últimos minutos de la serie solucionar todos los problemas con la ayuda de unas pocas directrices inteligentes.

¿Qué nos está enseñando todo esto? ¿Cómo está definiendo nuestra cultura el matrimonio y las relaciones de pareja en general? Nuestro concepto de la comedia depende casi exclusivamente de las relaciones de rivalidad. Esto lo consideramos divertido y al mismo tiempo normal. Rivalidad es lo que los niños ven por doquier cuando no están observando directamente a sus padres. Esto mismo es lo que nosotros vemos por doquier cuando no estamos observando directamente a nuestras parejas.

Ambas partes tenemos por delante una decisión fundamental: ¿Debemos cooperar o debemos competir? La respuesta a esta pregunta configurará en gran medida nuestra relación. Generará la atmósfera que definirá la relación. Se convertirá en la norma. Será lo que nuestros hijos utilizarán como base para su primerísima definición de la palabra *normal* aplicada a las relaciones de pareja y al hecho de ser padre, madre, marido, esposa, hombre y mujer.

Además de nuestra educación, además de otras experiencias, además de la llamada industria del espectáculo que nos inunda por todas partes, está igualmente la historia de nuestra pareja y de nuestra propia inclinación a hacer las cosas de la forma que creemos que es correcta. Todas estas distintas variables confluyen para conducirnos a desarrollar una relación competitiva. ¿Por qué? Si nuestra definición del matrimonio no es la misma que la de nuestra pareja, ¿acaso no trataremos de convencerla de que renuncie a su definición y acepte la nuestra? ¿Y acaso no intentará hacer lo mismo nuestra pareja? El resultado dependerá totalmente de lo que ambos hagamos con esto. Al intentar demostrar nuestras puntos de vista aparece una tendencia natural a la competición, lo que fácilmente puede marcar el inicio de la evolución en dirección a una relación controladora.

Esta es la razón de que sea tan importante analizar las cosas claramente y asumir activamente el desarrollo del proceso. Dos personas pueden discutir los pros y los contras de la cooperación y de la competición, pueden estar alerta ante la aparición de las actitudes competitivas y abordarlas activamente desde el momento en que salgan a la luz. Dos personas pueden crear una relación en la que no haya ganadores ni perdedores, una verdadera relación de igual a igual.

Desgraciadamente, el movimiento de liberación de la mujer que se desarrolló allá por los años 70 del pasado siglo siguió una línea equivocada. Magnificó el espíritu de competición que ya era dominante en la relación hombre-mujer. Tal vez el movimiento feminista haya contribuido a igualar el terreno de juego, pero en definitiva continúa siendo un terreno de juego y los equipos continúan compitiendo entre sí. La solución estriba en ir más allá de la competición.

Mecanismos de control

El control a través de la rivalidad constituye de hecho la clásica lucha por el poder entre dos personas. La lucha puede prolongarse a lo largo de toda la relación o bien una de las partes puede ganar y la otra rendirse, o bien ciertos ámbitos de poder pueden ser delimitados y compartidos. (Un ejemplo de esto sería el estereotipo del hombre que detenta el poder a nivel superficial mientras que la mujer lleva las riendas detrás del trono). Quizá lo más sorprendente de las luchas de poder es que por lo general suelen ser abiertas y directas. La gente no está de acuerdo, discute y lucha por imponer unas posiciones más o menos claramente definidas. Saben que están en conflicto. El hecho de que se trate de una lucha de poder no plantea la menor duda. Advierten que la situación desembocará claramente en un ganador y un perdedor.

Pero la lucha de poder no es la única forma que puede adoptar el control. También puede darse bajo la forma de una restricción. En una relación basada en la inseguridad, suele haber una tendencia a refrenar a la pareja. Ello suele traducirse en estropear lo que la pareja quiere hacer para avanzar en algún sentido, como, por ejemplo, apuntarse a unas clases, ir a un gimnasio, aprender yoga o hacer nuevas amistades al margen de la relación de pareja.

La persona insegura piensa: "Si mi pareja tiene éxito, si crece y amplía sus horizontes, si continúa adelante con su educación o con su profesión o con cualquier otra cosa, acabará por crecer más que yo y verá que me he quedado tan atrás que ya no soy de ningún interés". Lo que puede venir acompañado de este otro pensamiento: "Mi pareja estará por ahí conociendo a gente nueva, encontrando a otras personas con intereses similares, y acabará por parecerle que son más interesantes que yo. Se cansará de mí".

Esta forma de ver las cosas conduce a una actitud controladora que de hecho es muy diferente de la actitud competitiva. Aquí el miedo al éxito de la pareja está unido al temor de perderla. Se trata del miedo a no ser capaz de conservar la relación. Puede conducir al mismo tipo de "encarcelamiento" que genera la competición, pero es más sutil que la rivalidad manifiesta. En este caso, la persona insegura se lo pone difícil a la persona que está tratando de avanzar. Tal vez ninguno de los dos reconozca este proceso como una forma de control, pero eso es lo que es.

El proceso de pensamiento del controlador se desenvuelve tal que así: "¿Qué se supone que yo debo hacer mientras tú asistes a esas clases nocturnas? ¿Cómo puedo saber que realmente desear ir a esas clases? Me parece que lo único que quieres es librarte de mí. ¿Y qué me dices de toda la gente nueva que vas a conocer? Eso será a expensas del tiempo que podamos pasar juntos tú y yo".

Si esta táctica funciona, la pareja se sentirá culpable. "Puede que tengas razón y sea egoísta por mi parte el pensar únicamente en lo que quiero aprender y hacer por mi propia cuenta". El controlador ha utilizado la culpa para enganchar a la pareja en el juego del control. Al aliarse con la inseguridad, la pareja ha perdido una oportunidad de crecimiento personal y se ha desviado en dirección a un problema de control.

La felicidad en la felicidad mutua

¿Cuál es la alternativa? La respuesta es aprender a ser feliz con la felicidad mutua. En lugar de intentar ir por delante en una relación (lo que supone una búsqueda personal), deberíamos esforzarnos por compartir los avances de nuestra pareja. Nuestro centro de atención debería estar en lo que nuestra pareja aprende y emprende. Se trata de disfrutar con sus éxitos y cultivar el deseo de verla expandirse en nuevas direcciones. Se trata de alentarla activamente a hacer cosas nuevas que desee emprender. (Recordemos que se supone que nosotros también estamos avanzando simultáneamente y que nuestra pareja también está disfrutando de nuestros éxitos al tiempo que nosotros estamos compartiendo los éxitos de nuestra pareja). Cada uno de nosotros tiene que hacer sus propios progresos; es muy agradable que alguien nos dé ánimos cuando estamos avanzando.

El desarrollo de esta actitud requiere confianza y seguridad en uno mismo respecto del lugar que ocupamos dentro de la relación. Si nos sentimos en inferioridad de condiciones, cualquier posible éxito de nuestra pareja lo viviremos como una amenaza. Para poder disfrutar de los éxitos de nuestra pareja, hemos de estar convencidos de que ocupamos el mismo lugar dentro de la relación. Tal vez esto requiere tiempo. Puede que la contemplación de los éxitos de nuestra pareja nos abrume inicialmente.

Al margen de que iniciemos o no una relación con una sensación de confianza en nosotros mismos, una vez que la tengamos, veremos la relación de forma semejante a: "Soy una persona valiosa. Y estoy convencido de que tú también lo eres. Los dos juntos podemos formar algo excepcional. Por supuesto, quiero que seas todo lo que puedas ser y no otra cosa, porque de lo contrario no serías la persona a la que quiero. Me consta que tú también deseas lo mismo para mí. Si cualquiera de nosotros llegara a sentirse amenazado por el crecimiento del otro, la relación se malograrán y no perdurará. Prefiero seguir siendo yo mismo antes que comprometerme en una relación insana. No quiero que seas yo, quiero que seas tú".

Aceptar la libertad de nuestra pareja

Si pretendemos mantener una relación libre de control, tenemos que aceptar la libertad de nuestra pareja. Tomemos a cualquier criatura –una mosca, un ratón, un pez, un periquito o un ser humano– y tan pronto como lo enjaulemos tratará de encontrar una salida. Esta es la esencia natural de las cosas vivas. Todos los seres vivos quieren libertad; tienen hambre y sed de ella. Ciertamente, el espíritu puede ser aplastado, los animales pueden ser domesticados y las criaturas pueden nacer en cautividad o en esclavitud y mostrarse dóciles. Pero hagámosles soñar o probar el sabor de la vida como criaturas libres y empezarán a cambiar. Crecerán hasta intentar lograrlo. Como personas con unas parejas que quieren ser libres, podemos tratar de negar dicha libertad y controlar a nuestra pareja o aceptar dicha libertad y aceptar asimismo nuestra propia libertad.

Existen muchos casos de hombres apuntados a equipos de béisbol, asociaciones de bolos, de billar y de juegos de mesa, hombres que salen con sus amigotes varias noches por semana y que esperan que sus mujeres se queden en casa todo el tiempo y les den plena cuenta de ello cada vez que se decidan a salir a alguna parte. A veces las personas que reclaman con más fuerza la propia libertad son también los peores controladores del tiempo de sus parejas. El ejemplo opuesto también es cierto; existen mujeres apuntadas a clubes y grupos que desempeñan muchas obligaciones que les llevan muchísimo tiempo y que esperan que sus maridos se queden en casa cuidando de los hijos.

¿Puede perdurar una relación con semejante desequilibrio? Probablemente no. Ciertamente, una pareja puede seguir junta ocupando la misma vivienda, pero ¿existe una relación real entre los miembros? En ejemplos como los mencionados anteriormente, la mayor parte del centro de atención en la relación de pareja recae en las quejas y la desigualdad –y la mayor parte de lo que siente cada una de las partes es infelicidad y frustración. Para ir al fondo real que subyace a los ejemplos anteriores debemos hacernos la siguiente pregunta: ¿Por qué estos hombres y mujeres eligen pasar la mayor parte de su tiempo al margen de sus parejas?

Es importante comprender la necesidad natural de libertad –la necesidad de hacernos cargo de nuestra propia vida, la necesidad de tomar nuestras propias decisiones y de hacer nuestra propias elecciones. Las dos partes deben tener esto muy claro si pretenden florecer. Cada uno de los miembros de la pareja debe decidir si disfrutar con ello o combatirlo. La elección no debería ser tan dura porque ambos tenemos la misma necesidad de libertad y es muy difícil justificar que nosotros tengamos libertad y al mismo tiempo se la neguemos a nuestra pareja. ¿De dónde viene la tendencia a negarle la libertad a otra persona? A estas alturas no debería sorprendernos saber que se reduce a la vivencia de inseguridad. Es inquietante aceptar la realidad de que nuestra pareja es una persona libre, si no estamos convencidos de que desea estar con nosotros más que con cualquier otra persona en el mundo.

La libertad tiene algo de especial: es enteramente personal. No compartimos la libertad con otra persona; es exclusivamente nuestra. Podemos decidir libremente hacer algo con otra persona, pero no podemos compartir libremente dicha decisión. Esto puede parecer complicado, pero es crucial de cara al control. Si una persona es libre, puede decidir dejarnos. Si una persona es libre, no tenemos ningún voto en sus decisiones. Si una persona es libre, es dueña de su propia vida. En cierto sentido, podemos decir que esta persona tiene autocontrol.

Si nos sentimos inseguros, inferiores e indignos de amor, el hecho de aceptar la libertad de nuestra pareja puede parecernos enormemente arriesgado. Ello se debe a que en realidad no podemos hacer nada para influir en las decisiones de una persona verdaderamente libre. Ahora bien, no existe elogio más elevado y no existe nada más valioso que ser amado por una persona completamente libre. En ese caso, el amor es una elección que nos es dada libremente. Si no existen condiciones asociadas, si no hay ningún control en juego, la persona objeto de este amor puede sentirse auténticamente segura con su pareja. En ese caso, todo aquello de lo que hemos venido hablando hasta ahora, la confianza y la total intimidad, pueden cobrar forma.

El verdadero sentido de la intimidad

La intimidad puede considerarse como una conexión espiritual entre dos personas. Puede tener lugar a distintos niveles; puede consistir simplemente en un rozarse con las puntas de los dedos o puede alcanzar un nivel pasional inconmensurable. Es una comunicación sin palabras. Es una garantía de que somos amados. La intimidad puede adoptar muchas formas; una excursión a la playa, escuchar música juntos tumbados en el suelo del salón, bailar juntos, una conversación sosegada y atenta, un masaje voluntario en la espalda, abrazarse amorosamente en el sofá, una rosa enviada inesperadamente. La mayoría de las veces, tal vez, la intimidad es algo que tiene lugar cuando las personas se miran fijamente a los ojos.

La necesidad de intimidad es mayor durante o inmediatamente después de los períodos de estrés y en los momentos en los que nos sentimos inseguros. Cuanto más insegura se siente una persona dentro de una relación, mayor es su necesidad de intimidad. Pero ello no significa que las personas muy seguras no necesiten asimismo la intimidad.

También existen personas que se aferran fuertemente a su libertad personal y que la guardan y protegen celosamente. Piensan en términos de decisiones a lo largo de cada día. Valoran su autocontrol y ejercitan su libertad. Para ellos, la intimidad es su forma de reafirmar la decisión de permanecer en la relación. Hay en ello un importante paralelismo. La persona insegura tiene una fuerte necesidad de recibir intimidad como una forma de reafirmar que es amada por su pareja. La persona segura tiene una fuerte necesidad de dar intimidad como una forma de reafirmar que ama a su pareja. Cuando ambas partes se sienten inseguras dentro de una relación, ambos medirán la cantidad de intimidad que están recibiendo y la compararán con la cantidad de intimidad que están dando. Se sentirán insatisfechos cuando no reciban cuanto menos tanto como dan. En el caso de dos personas seguras que se sientan confiadas dentro de su relación, se trata más bien de que ambos sienten la importancia de transmitir mensajes íntimos tan a menudo y tan amorosamente como ello les sea posible con objeto de no dejar de mostrar lo que sienten.

Existe un componente de intimidad en todas las relaciones, con unos límites apropiados a cada relación en particular. Tratándose de conocidos, puede consistir en un apretón de manos. Incluso entre los compañeros de negocios existe igualmente la intimidad, tal vez bajo la forma de programar conjuntamente su próxima reunión. Dentro del matrimonio o de una relación de pareja la intimidad no tiene límites porque se trata de una relación completa y total.

La intimidad, como el amor, funciona mejor cuando es dada libremente más que esperada o dada por supuesta. Esto nos devuelve a la cuestión del control. ¿Cómo puede la intimidad formar parte del control? La verdadera intimidad libremente dada, en sí misma y por sí misma no forma parte de un sistema de control. Pero la intimidad también puede ser distorsionada y subvertida. Negar la intimidad hasta que se satisfagan determinadas condiciones es una gran forma de controlar a otra persona. Es más, lo que finalmente se da no será realmente intimidad, sino un pago por los servicios prestados. Pero el rechazar la intimidad ofrecida por el otro es un método de control aún más eficaz. Rechazar el mensaje de amor de la pareja hasta que se satisfagan ciertas condiciones no es muy diferente de rechazar el amor mismo; puede ser extraordinariamente doloroso. La aceptación posterior no es una participación en la intimidad, sino un reconocimiento del control.

Pero existe otro elemento en juego. Si alguien no quiere realmente aceptar o enviar un mensaje de amor o una expresión de intimidad, sería deshonesto obrar de este modo. No es tanto la negativa a enviarlo o aceptarlo lo que conduce al control, sino el sujetar su manifestación a determinadas condiciones. Debemos ser honestos dentro de nuestra relación y hay veces en que honestamente nos sentimos incómodos con la intimidad. Deberíamos discutirlo y tratar de resolverlo, por supuesto, pero tenemos que aceptar que no todo el mundo está siempre receptivo a las expresiones de intimidad.

Lo importante es no dejar de ser honestos y responder con naturalidad.

El amor, el sexo y el control

En cualquier relación amorosa, existe una diferencia entre tener relaciones sexuales y hacer el amor –y es importante que evitemos confundir ambos términos. En una relación hondamente comprometida, hacer el amor es una afirmación del profundo vínculo que ambos compartimos.

Ello no quiere decir que debamos luchar por hacer el amor con nuestra pareja todas las veces que estemos en la intimidad. A veces podemos preferir la experiencia puramente física –y menos exigente– de tener relaciones sexuales. Lo importante aquí es que lo que decidamos hacer juntos sea de mutuo acuerdo.

Es difícil pensar en hacer el amor dentro de una atmósfera controladora. No podemos servirnos de hacer el amor para conseguir algo de nuestra pareja. Pero no podemos decir lo mismo de tener relaciones sexuales. Dar o negar las relaciones sexuales a nuestra pareja es un viejo método de control. Un terapeuta dijo en cierta ocasión: "¿Qué mujer casada no ha sido una prostituta de cuando en cuando?" Tal vez estuviera en lo cierto. No existe método más potente de controlar a otra persona que la utilización de nuestro propio cuerpo. Lo mismo se puede decir de exigirle tener relaciones sexuales a una pareja que no está de humor. Es una táctica de control. "Dame lo que quiero o sufrirás las consecuencias". Las consecuencias pueden consistir simplemente en retraerse y en poner mala cara hasta que la pareja ceda, o bien pueden ser más graves. Al margen de la forma que pueda adoptar, todo esto no es más que control.

Aunque el exigir o negar las relaciones sexuales a la pareja pueda ser una forma eficaz de controlar, también, y casi con toda seguridad, anulará el amor entre las personas. Convierte el acto de amar en un arreglo mercantil a negociar. Lo priva de su espontaneidad y de su naturalidad.

Cuando una persona quiere algo con lo que el otro no se siente cómodo, puede desarrollarse un conflicto potencial entre los dos. Hay varias formas de resolverlo. Por un lado, una persona enamorada no quiere que su pareja se sienta incómoda y puede renunciar a lo que fuere que pudiera querer. Por otro lado, una persona enamorada puede elegir ampliar su criterio de la comodidad para agradar a su pareja y acceder a hacer algo que en realidad no quiere hacer. Estas son soluciones naturales que implican una decisión libre. En la medida en que se siga dando y tomando libremente, continúa siendo amor. Pero si hay algo en juego de antemano, ya sea una recompensa por acceder o un castigo por negarse, la expresión física del amor se ha visto reducida a una propuesta de negocios. El control se abre camino y acabará con el verdadero amor.

Evolucionar juntos

La capacidad de evolucionar junto con otra persona puede ser el factor más importante dentro de una relación a largo plazo. Y puede que no sea fácil.

Las personas son seres en proceso de transformación y evolución. El hecho mismo de vivir es un proceso evolutivo. Cambiamos, crecemos, experimentamos y aprendemos de las experiencias. Nada que tenga relación con la vida es estático.

Evolucionar juntos puede ser algo complicado o bastante sencillo. Lo más que podemos esperar es que nuestro camino discurra paralelamente al de la persona a la que amamos. Pero es mucho más probable que el camino que seguimos adopte una serie de giros y cambios de dirección que nos vayan acercando y alejando sucesivamente de nuestra pareja. Aquí es donde el disfrutar de la felicidad mutua y aceptar las diferencias respectivas se vuelve tan importante.

Podemos compartir nuestra evolución personal con nuestra pareja. Y ello puede tener lugar de varias formas. Podemos hablar de a dónde vamos y de qué es lo que esperamos alcanzar. También podemos observar a nuestra pareja evolucionar y mejorar cada vez más a nivel personal. Nuestros caminos no tienen por qué ser un reflejo idéntico el uno del otro. Al igual que nosotros estamos tratando de alcanzar nuestro potencial más elevado, nuestro objetivo vital, nuestra pareja está tratando de hacer otro tanto. Pero nuestra pareja no está tratando de cumplir nuestro objetivo vital; nuestra pareja está tratando de cumplir su propio objetivo vital.

La evolución personal se parece a la libertad en que no acontece en conjunción con otro, la hacemos solos. Otra persona puede vernos evolucionar e incluso aplaudirnos a medida que vamos avanzando o sentirse fatal si tenemos un tropiezo. Pero nadie puede participar en nuestro proceso de evolución.

Ver evolucionar a la persona a la que amamos requiere confianza en uno mismo. De lo contrario, constantemente nos estaremos preguntando si nuestra pareja evolucionará en dirección a alejarse de nosotros, a encontrar a alguien con quien tenga más cosas en común y acabar dejándonos. Con la inseguridad, podemos sentirnos tentados a entorpecer la evolución de nuestra pareja y anular cualquier progreso. Podemos sentirnos tentados a querer que nuestra pareja permanezca exactamente en el mismo lugar en el que nosotros nos encontramos, con objeto de asegurarnos de que seguiremos juntos.

Combatir la evolución o los avances de otra persona es el peor crimen que alguien puede cometer contra otro ser humano. En esencia, es tratar de destruir la identidad de otra persona. Es la detención del crecimiento, la destrucción de todos los sueños y esperanzas; es dejar a la otra persona sin futuro.

La educación de los hijos como una labor de equipo

Ser padres nos ofrece la oportunidad de ayudar a la generación siguiente a llegar a ser todo lo que puedan ser. Al margen de que dos personas lo hagan mejor o peor como padres lo cierto es que lo que hacen, lo hacen en equipo. Cuando trabajamos con padres, uno de los enfoques terapéuticos consiste en hacer que constantemente se hagan a ellos mismos y el uno al otro la siguiente pregunta: "¿Qué les estoy/estamos enseñando?" Los padres hacen muchas cosas, pero por encima de todo lo que hacen es enseñar. Casi todo lo que un bebé y un niño muy pequeño aprenden lo hacen a través de la observación de los padres. Asimismo, las enseñanzas más profundas que acarreamos con nosotros de por vida son las que aprendimos en los primerísimos momentos. Se puede decir que nacemos con mentes de un material muy flexible que gradualmente se va endureciendo y fijando con el paso de los años. Cuanto más joven sea la persona, más flexible será el material. Y cuanto más flexible sea el material, más profundamente arraigarán las enseñanzas.

¿Qué es lo que los padres enseñan a los hijos? Si dos personas están enzarzadas en una lucha de poder, si han entablado una relación controladora, si compiten el uno con el otro, si se concentran únicamente en satisfacer sus propias necesidades y no se preocupan por las necesidades de los demás, esta experiencia es lo que los hijos aprenderán. En esto consistirá para ellos la vida dentro de una relación de pareja. Si dos personas se toman en serio la labor de equipo, si coordinan la educación de sus hijos, si envían mensajes coherentes, si las normas y los castigos están claramente determinados, si respaldan mutuamente sus decisiones, éste es el ejemplo que darán. Esto es lo que los hijos aprenderán acerca de la vida en el seno de una relación amorosa.

En esto no hay excusas posibles. Los padres son responsables de la próxima generación y ante ella. Al margen de lo que nuestra propia educación pueda haber incluido, tenemos el poder de influir en lo que viene después. Este es un deber sagrado. Si nuestros comienzos fueron malos, podemos romper la cadena generacional. Si tuvimos un buen principio, podemos transmitirlo. Lo mismo se puede decir de nuestra pareja. Por ello es tan importante discutir conjuntamente la educación de los hijos. Pero muchas parejas se limitan a educar a sus hijos sin más, sin ningún plan o coordinación entre ellos. Al no coordinar ni planificar sus esfuerzos se sientan las bases para la rivalidad en la relación con los hijos, lo que nos devuelve nuevamente a la cuestión del control.

Algunos consejos prácticos para los padres

Se pueden sugerir cuanto menos tres mandamientos a los padres. En primer lugar, el primero de los dos en hablar es quien llevará la razón. En segundo lugar, no nos mostraremos jamás en desacuerdo delante de los hijos. En tercer lugar, pondremos las normas y los castigos claramente por escrito y preferiblemente en la puerta del frigorífico.

Cuando uno de los padres ignora al otro, ¿cómo se siente éste? ¡Herido, rechazado, excluido! Ello puede iniciar un resentimiento que a su vez puede derivar en venganza y volvemos a encontrarnos en el camino que conduce al control. Uno de los padres puede no estar de acuerdo con el otro en alguna cuestión en particular, pero es más importante permitir que el otro sea un padre o una madre que ganar una competición. Si un niño ve a los padres discutir por un problema de educación, a este niño se le han abierto de par en par las puertas de la manipulación. Los niños aprenden rápidamente a enfrentar a uno de los padres contra el otro. No sólo le hemos enseñado a nuestro hijo cómo manipular a las personas; tenemos a la vuelta de la esquina a unos padres enzarzados en una lucha de poder por el control.

La mayor parte del espacio potencial para los desacuerdos puede eliminarse disponiendo de unas normas y unos castigos previamente acordados y puestos por escrito. Si la regla número cuatro dice que no hay que replicar y el castigo consiste en diez minutos en el cuarto de baño, cuando nuestro hijo nos replica no tenemos la menor necesidad de discutir. Pero la alternativa, con demasiada frecuencia, es que los padres acaban discutiendo agriamente acerca de la gravedad de las infracciones cada vez que éstas aparecen y acerca de la severidad de los castigos cada vez que es preciso aplicarlos. En tales condiciones, es fácil anular el proceso sano de educar a los hijos, un proceso que supuestamente debería ser tan hermoso y tan satisfactorio.

Resumen: construir una relación equilibrada

Dado lo fácil que parece ser que el control pueda deslizarse dentro de una relación, podemos pensar que es un milagro que existan de hecho relaciones amorosas que no estén basadas en el control. En dichas relaciones la cuestión principal parece reducirse en todos los casos a sentirse seguros dentro de la relación. Es la vivencia de inseguridad lo que suele desembocar en el conflicto y la rivalidad y a su vez ello desemboca en el control o en una lucha incesante por el control.

En la medida en que el centro de atención de dos personas dentro de una relación de pareja esté en el otro, y que los actos de cada una de las partes tengan por objeto festejar al otro, la relación puede mantenerse en general libre de problemas de control. Pero si nos centramos en nosotros mismos, en nuestras necesidades y no en las necesidades de nuestra pareja, es probable que se inicie una competición, es probable que se desarrolle una lucha de poder y es probable que el control acabe siendo el resultado final.

Esto también explica por qué es tan importante tener una relación equilibrada. Podemos centrarnos mejor en el bienestar de nuestra pareja cuando sabemos que a su vez nuestra pareja está centrada en nuestro bienestar. Ambos estamos indistintamente mirando el uno por el otro. Podemos festejar mejor a nuestra pareja cuando sabemos que a su vez nuestra pareja está festejándonos. Nuestros actos pueden más fácilmente tener por objeto dar placer y satisfacción a nuestra pareja cuando sabemos que a su vez nuestra pareja está centrada en hacer cosas que nos den placer y satisfacción. Pero si perdemos el equilibrio, si la relación se vuelve desigual, todo se tambalea. Si constantemente el dar excede al recibir, no podremos evitar advertirlo. Forma parte de la naturaleza humana empezar llevando la cuenta; y la decisión de llevar la cuenta, por definición, constituye el primer paso en dirección a establecer una competición.

La vida con y sin control: para mantener una relación sana, debemos decidirnos por ello constantemente. Necesitamos entrenarnos para mantenernos alerta a la aparición de los momentos de debilidad, las heridas, las malinterpretaciones, la mala comunicación y los supuestos falsos. Debemos dar y recibir el permiso para discutir todo lo que nos moleste o todo aquello acerca de lo cual tengamos dudas. Mantener una relación libre de control es una labor ardua, pero ¿no es evidente que la recompensa de una relación amorosa de tales características sobrepasa con creces el esfuerzo requerido?

Ejercicio: Analizar nuestra relación de pareja

Este ejercicio tiene por objeto evaluar nuestra relación con nuestra pareja utilizando los criterios para una relación sana expuestos en este capítulo. Necesitaremos nuestro libro de notas. Antes de empezar, volvamos a la parte 3 de nuestra revisión de vida, donde analizamos el papel que hemos venido desempeñando dentro de nuestras sucesivas relaciones. ¿Hemos incluido nuestra relación actual dentro de dicho ejercicio? De ser así, podemos referirnos a ella a medida que vayamos procediendo a lo largo de este nuevo apartado.

Uno de los elementos fundamentales de una relación sana es la confianza. Pensando en términos de confianza, tratemos de poner por escrito aspectos relativos a nuestra relación de pareja que apunten hacia la confianza o la falta de confianza. Si necesitamos ejemplos, podemos volver a la lista de preguntas de la introducción. ¿Nuestra pareja confía en nosotros? ¿Nos controla estrechamente el tiempo que pasamos al margen de ella? ¿Nos acusa de hacer cosas a sus espaldas? También podemos invertir cada una de las cuestiones y preguntarnos si confiamos en nuestra pareja.

Pasemos a continuación al segundo criterio: el respeto. Pensemos en cómo nos relacionamos con nuestra pareja. Tratemos de describir aspectos que ilustren la presencia o la ausencia de respeto dentro de nuestra relación de pareja. ¿Nuestra pareja nos minusvalora, ya sea cuando estamos solos o delante de otras personas? ¿Descarta nuestras ideas sin una razón aparente? Volvamos a invertir las cuestiones y preguntémonos si respetamos a nuestra pareja.

A continuación analicemos el grado de amistad entre ambos. ¿Nuestra pareja trata de evitar estar con nosotros? ¿Evitamos estar con ella? ¿Nos lo pasamos bien juntos? ¿Se podría decir que nuestra pareja y nosotros somos amigos?

Utilizando este mismo método, pasemos revista a los restantes criterios para el establecimiento de una relación amorosa sana, a saber: el amor incondicional, la comunicación respetuosa, la capacidad de aceptar las respectivas diferencias, la capacidad de aprender el uno del otro, la capacidad de cooperar, la intimidad y la sexualidad. Hagámonos preguntas tales como: ¿Nuestra pareja espera que siempre estemos de acuerdo con ella? ¿Respeta nuestras opiniones? Cuando hablamos acerca de cosas que nos importan, ¿tenemos la impresión de ser escuchados? ¿Estamos satisfechos con el nivel de intimidad que existe dentro de la relación?

Cuando analicemos el nivel de cooperación dentro de la relación, debemos analizar hasta qué punto trabajamos conjuntamente para solucionar los problemas y somos capaces de encontrar una solución intermedia. En un página aparte podemos crear un apartado independiente para la "competición", lo que constituye el opuesto de la cooperación. ¿Hasta qué punto nuestra pareja compite con nosotros? ¿Considera los conflictos como una competición? ¿Tiene que ganar siempre? Recordemos invertir todas estas preguntas y preguntarnos cómo abordamos nosotros mismos los conflictos y demás.

Analicemos ahora cómo estamos evolucionando, nuestra pareja y nosotros, a nivel individual. ¿Tenemos la libertad de ser nosotros mismos? Finalmente, si tenemos hijos, evaluemos nuestra relación de pareja como un equipo educativo. ¿Actuamos en armonía en este ámbito o reñimos el uno con el otro?

Este ejercicio debería ofrecernos una visión más clara de la dinámica que rige nuestra relación de pareja. Si estamos dentro de una relación controladora, debería ayudarnos igualmente a clarificar los diferentes aspectos intervinientes. Si queremos mejorar nuestra relación, este ejercicio puede brindarnos el 50 % de la base necesaria para cambiar. Si nuestra pareja está dispuesta a hacer el mismo ejercicio, cada uno hará una lista exhaustiva de problemas sobre los que trabajar. El capítulo 6 se ocupará con más detalle acerca de cómo trabajar para mejorar nuestra relación.

5

EL CAMBIO COMIENZA POR DENTRO

Ha llegado el momento de analizar a la persona real que hay dentro de nosotros mismos y, en el caso de que estemos siendo controlados, analizar cómo cambiar esta situación. El primer paso consiste en aceptar lo que realmente somos.

El yo dentro de nosotros

Hay algo muy importante dentro de cada individuo. Y es la esencia de lo que somos: nuestro *self*, nuestra identidad. Conocer, comprender y aceptar nuestro *self* interior es esencial para que recobremos nuestra libertad.

¿Cuántas veces hemos tenido la impresión de que no nos conocemos a nosotros mismos? Esta es una sensación bastante común. Hacemos cosas que después nos paramos a considerar y nos decimos: "No me puedo creer que hiciera eso". A veces nos sentimos confundidos respecto de nosotros mismos. Pero otras veces nos sentimos tan absolutamente en armonía que no nos cuestionamos nada. Hay momentos de armonía interior y otros en los que nos sentimos totalmente dispersos.

Parte del problema puede deberse a que a nivel cultural no nos centramos precisamente en conectar con nuestro *self* interior. Por lo general, la sociedad suele poner el acento y el centro de atención en cosas más externas; nos juzgan de acuerdo con la influencia que ejercemos sobre cosas que están fuera de nosotros mismos. La gente comprende fácilmente que lograr un aumento de sueldo constituye un logro, pero no ve que disfrutar de una tarde llena de serenidad interior es igualmente un logro.

Cómo se generan las creencias erróneas

Nuestro *self* interior es el centro de lo que somos. Desgraciadamente, la mente no es perfecta. La calidad del funcionamiento mental depende de la calidad de la información contenida en ella. Si alguna de esta información es errónea, ello puede afectar al esfuerzo del *self* interior por relacionarse con el exterior. Podemos intentar luchar por cosas buenas y no tener éxito; podemos tener buenas intenciones, pero obtener pobres resultados. Ello tiene de hecho mucho que ver con lo que aprendimos a creer que era real y cierto.

En el primer capítulo mencionamos que en el momento de nacer la mente humana viene ya con algunos elementos incorporados. Sabe cómo operar con el sistema cardíaco y el sistema respiratorio, además de otras varias cosas. También posee ya ciertas predisposiciones. Pero el fondo de conocimientos, los procesos de pensamiento, la clasificación e interpretación de los datos y las experiencias están en blanco en el momento de nacer. Con el tiempo puede que aprendamos que la única forma de sentirnos amados es agradar y contentar, o que sentir cosas como el amor puede conducir al dolor del rechazo. Incorporamos esta información y aprendemos a adaptarnos a ella y seguir adelante.

Las personas hablan a veces de que sienten una voz dentro de ellos mismos. En rigor son varias las voces, las cuales representan a los padres, a los compañeros, a los hermanos y a cualquier otra persona que ejerza alguna influencia sobre nosotros. Tenemos que tener cuidado respecto de a quién pertenece la voz que podamos estar escuchando en un momento dado. El problema es que nuestras voces interiores parecen todas ellas muy similares cuando las escuchamos. A veces podemos pensar que estamos escuchando nuestra propia voz cuando en realidad estamos escuchando a nuestro padre o a nuestra madre o a alguna otra persona. Con el tiempo podemos desarrollar la tendencia a aceptar como propias las creencias de otras personas.

Si existen creencias erróneas soterradas en el "software" de nuestro cerebro, pueden aparecer errores lógicos. Por ejemplo, podemos estar siguiendo un proceso lógico intentando desentrañar cómo llevar algo a cabo, y discurrir sin ninguna dificultad hasta que el proceso tropieza con la creencia de que somos incapaces de hacer nada bien. El proceso lógico incorporará esta creencia falsa y llegará a la conclusión de que no somos capaces de hacer lo que pretendíamos. La voz interior dirá: "Lo siento, no puede ser".

Si le dedicamos tiempo, atención y una actitud crítica, podemos aprender a reconocer cuándo un supuesto falso está introduciéndose en nuestros pensamientos o cuándo estamos verdaderamente conectados con nuestro propio *self* interior y nuestros pensamientos son realmente fiables. A veces un observador externo puede advertir mejor que nosotros mismos las incongruencias y contradicciones de nuestros diálogos interiores. Esta es la razón de que la ayuda externa como, por ejemplo, la de un psicoterapeuta, pueda eventualmente ser beneficiosa.

Combatir activamente las creencias erróneas

No somos el producto irremediable de nuestra educación. Siempre tenemos la opción de cambiar. ¿Cuántas veces hemos estado a punto de hacer algo y hemos tenido la sensación interior de que había algo que no acababa de convencernos? Viene a ser como una señal de advertencia para cambiar de dirección o hacer algo diferente. Las personas reciben estas "advertencias" y puede que no tengan ni la más remota idea de dónde proceden, pero podemos aprender a confiar en ellas. Se trata de nuestra intuición comunicándonos algo importante. Al parecer, cuanto más confiamos en estos mensajes y los escuchamos, más a menudo los oímos. Estos mensajes proceden de alguna parte en el fondo de nosotros y a veces evitan que nos adentremos en una "programación" errónea.

La otra cosa que podemos hacer es enseñarnos a nosotros mismos. Podemos aprender nuevas tácticas. Podemos leer libros y artículos, asistir a clases sobre diferentes materias y desacelerarnos lo suficiente como para estudiar detenidamente y conscientemente los problemas y llegar a nuestras propias soluciones. Todos estos son instrumentos que podemos utilizar para eliminar las creencias erróneas y permitirnos acceder más fácilmente a lo que necesitamos para alcanzar nuestros objetivos.

Ejercicio: Identificar nuestras creencias erróneas

Este ejercicio es una forma de ampliar la labor que desarrollamos en la parte 1 de la revisión de vida. En aquel ejercicio analizamos el desarrollo de las conclusiones erróneas acerca de lo que somos y de nuestra valía personal. El presente ejercicio tiene por objeto ayudarnos a identificar el lenguaje que mantiene vivas dichas conclusiones. Recordemos, como en los ejercicios anteriores, que la identificación de cualquier pauta profundamente arraigada dentro de nuestro carácter requiere su tiempo. Al igual que en los ejercicios anteriores, es preferible que no tratemos de hacerlo de un tirón.

Las creencias erróneas suelen abrirse paso hacia la superficie bajo la forma de pensamientos negativos acerca de nosotros mismos. Éstos son pensamientos que pasan muy rápidamente y casi inconscientemente por nuestra mente en el transcurso del día. El objetivo del ejercicio es llegar a ser conscientes de estos pensamientos y a continuación analizarlos detenidamente con objeto de desvelar sus significados subyacentes.

Durante un mínimo de dos semanas llevaremos encima nuestro libro de notas a todas partes y trataremos de poner por escrito nuestros pensamientos negativos acerca de nosotros mismos a medida que vayan apareciendo. Esto nos será cada vez más fácil con la ayuda de la práctica. Si se repite un mismo pensamiento negativo, tomaremos nota de ello. Tal vez encontremos que algunas palabras habituales constituyen una pauta. Por ejemplo, puede que repetidamente nos llamemos estúpidos o pensemos que algo que hicimos fue una estupidez o nos digamos "¡Qué idea tan estúpida!" Cuantas más veces se repita un pensamiento negativo, más fuerte será la creencia errónea subyacente.

Más tarde, tal vez llegada la noche y una vez que estemos relajados, analizaremos la lista. Cada uno de los pensamientos anotados nos dirá algo acerca de cómo nos vemos a nosotros mismos. ¿De dónde procedía el pensamiento en cuestión? Por ejemplo, si nos decimos constantemente: "Eso fue una estupidez por mi parte", ello quiere decir que no confiamos en nuestro propio criterio. ¿Cómo se introdujo en nosotros esta creencia? ¿Hubo alguien en nuestra vida que nos criticara constantemente? ¿Qué otras pautas aparecen? ¿Cómo llegaron hasta ahí? Volvamos a nuestra revisión de vida. Busquemos algunas pautas acerca de la influencia que los demás ejercieron sobre nosotros, analicemos la forma en que nos adaptamos a ellos y las conclusiones a las que llegamos. Si reflexionamos lo bastante, encontraremos las respuestas. Esto nos ayudará a clarificar el misterio de la procedencia de nuestras creencias erróneas y dejará más claramente al descubierto lo que pueda haber de erróneo en ellas.

Lo que significa ser libre

La importancia de la libertad dentro de una relación es evidente. Pero la libertad es tanto una percepción como un estado real de la existencia. Un gran pensador, cuyo nombre es Viktor Frankl, hablando desde los confines de un campo de concentración, decía que la última de nuestras libertades es nuestra propia actitud ante cualquier conjunto dado de circunstancias. Podemos ser libres dentro de una cárcel de máxima seguridad y podemos estar encarcelados en el más amplio de los espacios abiertos. Todo depende de cuál sea nuestra percepción y nuestra actitud.

Pero ello no significa que debamos cerrar los ojos al mundo real. Podemos ser libres dentro de esa cárcel de máxima seguridad, pero también debemos abrir los ojos de cuando en cuando y ver los muros. Podemos definir la libertad de la forma que queramos, pero el que seamos o no verdaderamente libres dependerá de hasta qué punto dicha definición se corresponda adecuadamente con nuestro entorno.

Supongamos que decidimos que la libertad significa poder tener todo lo que queramos cada vez que se nos antoje. De modo que vamos deambulando por la calle y vemos un Mercedes-Benz aparcado en la esquina y con las llaves puestas. ¿Somos libres de tomar posesión del coche? De acuerdo con nuestra definición de libertad, la respuesta es sí. Ahora bien, de acuerdo con el policía de la esquina la respuesta en nuestro caso tal vez sea cinco años en una cárcel de máxima seguridad.

Ejercicio: Identificar nuestra definición de libertad

Este ejercicio nos ayudará a crear nuestra propia definición única de libertad, con la que podamos vivir y que se corresponda con nuestra situación.

Analicemos nuestra situación vital. Hagamos una lista de nuestras responsabilidades (laborales, domesticas, económicas, interpersonales, parentales y demás). Hagamos otra lista con las expectativas de las personas que nos rodean. La lista puede incluir cónyuge, hijos, jefes y demás personas que tengan influencia sobre nuestra vida e incluir cosas como tener la comida preparada a determinada hora, llevar a los hijos a ver eventos deportivos, hacer horas extras cuando ello sea necesario, etc. –lo que sea que los demás esperen de nosotros en nuestra vida. Estas listas representan nuestras limitaciones actuales.

Después de analizar cuidadosamente las listas, la primera pregunta sería: ¿Qué espacio nos queda para nosotros? ¿Qué libertad tenemos de hecho? Hagamos una lista de aquellas áreas como, por ejemplo, salir una noche con los amigos o con otros parientes al margen de la familia, una asociación deportiva, tiempo para leer, dormir a pierna suelta los sábados por la mañana y demás, cualquier cosa en definitiva que podamos describir como tiempo o actividades que nos pertenezcan única y exclusivamente a nosotros. La segunda pregunta sería: Dentro de las limitaciones actuales, ¿qué no es razonable? ¿Qué es inaceptable? ¿Dónde podríamos dejar más espacio para nosotros mismos?

De las respuestas a estas dos preguntas se desprenderá nuestra definición de libertad. La pregunta final sería: ¿Puedo ser feliz dentro de esta definición de libertad o tengo que introducir algunos cambios drásticos?

Ordenar ideas

Una vez que sepamos escuchar nuestro *self* interior, comprenderemos lo esencial que es sentirse libre dentro de una relación. Ser libre es esencial para nuestra evolución personal. Tenemos que ser capaces de tomar nuestras propias decisiones, de aprender y de crecer con objeto de llegar a realizarnos de la forma que nos es única. Todo lo que no sea esto es una solución de compromiso.

¿Qué es una solución de compromiso? Dependiendo de su punto de vista, diferentes personas tendrán diferentes definiciones, pero lo que realmente quiere decir es renunciar a algo para conseguir otra cosa. Tomemos el caso de un hombre que fue acusado de un crimen que no cometió. Su abogado quería elaborar un acuerdo táctico con el fiscal para agilizar los trámites judiciales y lograr una estancia mínima en la cárcel. Pero el hombre era inocente, de modo que se negó a renunciar a una parte de su vida para evitar correr el riesgo de perder una parte de su vida todavía mayor en el caso de que un jurado lo encontrase culpable. El abogado consideró que su cliente no estaba cooperando porque no aceptaba lo que a aquél le parecía un buen trato. El abogado pensaba que la solución de compromiso implicaba cierta ganancia –una pena menor. Al hombre esta solución de compromiso le parecía una pérdida terrible: una estancia en la cárcel y unos antecedentes penales cuando de hecho él era inocente.

Pero, ¿qué sucede cuando la solución de compromiso afecta a nuestra propia identidad? Ello significa renunciar a algo de nosotros mismos. Dependiendo de nuestro punto de vista, podemos verlo como una ganancia porque la concesión incluye un arreglo que nos parece aceptable. Pero no obstante estamos sacrificando una parte de nosotros mismos. Podemos elegir obrar así. En última instancia, sin embargo, la cantidad de que disponemos para vendernos es limitada. ¿Qué sucede cuando no nos queda nada más por dar? En esencia, habremos perdido nuestro *self*, habremos vendido nuestro *self*.

En las relaciones controladoras, recordemos, no se trata de dos personas negociando y encontrando soluciones de mutuo acuerdo frente a los conflictos. No me estoy refiriendo a los acuerdos normales del día a día. Éstos no implican vender nuestro *self*. Estoy hablando de entregarle a otra persona el control sobre nuestra propia vida. Si le cedemos a otra persona el poder de elegir, habremos vendido una parte de nuestro *self*.

En las relaciones controladoras es donde se suelen dan la mayoría de este tipo de concesiones. La persona controlada está haciendo constantemente concesiones personales, sacrificando derechos y poder –para mantener la paz, para evitar el conflicto, para evitar el rechazo y demás. Pero también el controlador está haciendo concesiones personales –y es tan infeliz como la pareja controlada. El controlador está exactamente igual de interesado en mantener la paz, evitar el conflicto y por encima de todo evitar el rechazo. El controlador está pegado a los derechos y el poder. Imaginemos a un prisionero tan peligroso que necesitara observación las veinticuatro horas; si un guarda debe vigilar a este prisionero permanentemente, ¿acaso es menos prisionero? La respuesta, por supuesto, es que ambos están encarcelados. Ninguno de los dos es libre.

Ejercicio: Identificar nuestras concesiones personales

Este es otro ejercicio para aumentar la toma de conciencia. Tiene por objeto sugerirnos algunas áreas más claramente definidas que necesiten algún cambio si pretendemos acabar con el control dentro de una relación. Cuando alguien nos solicita algo a lo que no queremos dar satisfacción, pero a pesar de todo acabamos manifestándonos de acuerdo, en ese caso hemos hecho una concesión personal. Tomemos nota de la concesión, de la persona a quien se la hicimos y de cuanto nos molestó el hacerla (para ello podemos servirnos de una escala del 1 al 10). Empecemos a llevar una lista de nuestras concesiones personales a medida que éstas vayan apareciendo.

Analicemos el ejercicio de evaluación de la relación de pareja al final del capítulo 4. ¿Nuestra pareja nos fuerza a hacer alguna concesión personal? ¿Quién elige el programa de televisión que vamos a ver? ¿Quién elige las películas? ¿Quién decide cuándo es el momento oportuno de tener relaciones sexuales? Analicemos a otras personas presentes en nuestra vida. ¿Nuestro jefe nos insta a hacer cosas que van más allá de nuestras obligaciones laborales? ¿Somos nosotros la persona habitualmente elegida para quedarse a trabajar hasta más tarde o para ir a trabajar los sábados?

Hagamos esto durante unas dos semanas. Si se repiten las mismas concesiones, tomemos nota de ello. Al igual que en los otros ejercicios, tratemos de identificar posibles pautas. ¿Algunas personas tienen más control sobre nosotros que otras? ¿Le hacemos concesiones a casi todo el mundo en nuestra vida? El hecho de aumentar la conciencia de nuestras pautas nos ayudará a combatirlas en un futuro. También revelará las áreas de debilidad que necesitaremos trabajar.

Nuestra importancia como personas

¿Quién puede decir que la razón de existir de una persona es más importante que la de otra? Dos personas cualesquiera tienen el mismo valor. Pero la mayoría de las personas no acaban de creérselo cuando se trata de aplicárselo a ellos mismos.

Nacimos con una seguridad básica en nosotros mismos y con una aceptación natural de nuestra propia valía y de nuestra propia importancia. Tienen que enseñarnos a sentirnos inseguros; tienen que enseñarnos a tener una baja autoestima. Se trata lisa y llanamente de un lavado de cerebro. Pero podemos darle la vuelta. Debemos recordarnos a nosotros mismos constantemente nuestra propia valía. Es un acto de fe. Se trata de decir: "Sé que soy valioso sencillamente porque lo sé".

Creer en nosotros mismos es de hecho un acto de fe. No existe ningún sitio a donde podamos ir para que nos demuestren nuestra valía.

Nos creemos que es así o no. Cuando nos han rechazado, minusvalorado y criticado por tantas cosas, cuando nos han enseñado que todo lo hacemos mal, es muy fácil que perdamos la fe en nosotros mismos.

La dificultad estriba en romper con lo que puede que sean años, o incluso toda una vida, de mantener una misma actitud. La dificultad estriba en combatir la creencia de que nos pasa algo y de que no somos lo bastante buenos como para poder medirnos de igual a igual con el resto de las personas a nuestro alrededor. Debemos volver a la actitud que teníamos originalmente. Nacimos creyendo en nosotros mismos y podemos retomar el control de nuestra propia vida recobrando nuestro autoconcepto original.

Esto requerirá tiempo y concentración. Desconfiemos de las soluciones rápidas. Si escuchamos el mensaje: "Estás bien. Ahora que ya lo sabes, pasemos a la siguiente cuestión", parémonos de inmediato. Nuestra respuesta debería ser: "¡Eso es demasiado decir de un tirón! Explícame un poco más eso de que de repente resulta que estoy bien. Porque de hecho tengo muchísimas razones para no sentirme bien".

Mirar atrás sin sentirnos agresivos

En el proceso de recobrar nuestra propia aceptación, tal vez descubramos que nos sentimos resentidos con algunas personas de nuestro pasado. A medida que comenzamos a ver que otras personas nos influyeron de una forma negativa, podemos caer en la tentación de culpabilizarlos. Ello sería un error por varias razones.

Recordemos que la gente, por lo general, no trata deliberadamente de hacer daño a otras personas. Esto es especialmente cierto en el caso de los padres. Para comprender los errores o las limitaciones de nuestros padres, necesitaríamos comprender cómo llegaron a ser como eran cuando empezaron a educarnos. Ciertamente, existen personas perversas y existen personas que deliberadamente y conscientemente se proponen controlar a los demás pulverizando su autoestima, pero incluso estas personas llegaron a ser lo que son a través de algún tipo de proceso. No se trata de una excusa; toda persona es responsable de todo lo que hace y de las consecuencias de sus actos.

Existe, sin embargo, una razón más importante para evitar albergar sentimientos negativos hacia los demás. Si la agresividad, el resentimiento, la mala voluntad, e incluso el odio, es lo que llevamos dentro de nosotros mismos, entonces la agresividad, el resentimiento, la mala voluntad y el odio es lo que anidará y crecerá dentro de nosotros. ¿Por qué cargar con estos sentimientos cuando no tiene por qué ser necesariamente así? Lo único que harán es entorpecer nuestros avances y nuestros progresos. No encontraremos la paz interior llevando estas emociones negativas dentro de nosotros. Antes bien, nos servirán como argumentos para insistir en que no estamos bien.

Hay una gran diferencia entre ser una persona que puede sentirse agresiva por algo y ser una persona agresiva. El objetivo no consiste en juzgar, culpabilizar o rumiar la venganza. El objetivo es alcanzar a comprender. Si pretendemos liberarnos de nuestras creencias erróneas acerca de nuestra valía como personas, en primer lugar debemos comprender cómo hemos llegado a sostener semejantes creencias, de dónde procedían y quién nos las enseñó. Sólo entonces podremos dejarlas atrás.

Resistirnos al autosabotaje

Dejar atrás las creencias erróneas no será fácil, pero la revisión de vida que hicimos anteriormente puede ser un vehículo para lograrlo. Una vez hecho esto, tenemos que luchar contra la desconfianza en nosotros mismos. Tal vez descubramos que nuestra resistencia a cambiar es muy poderosa. Recordemos que hemos aprendido a sobrevivir en el mundo del control. El cambio significa adentrarse en el mundo del gran interrogante. Cuanto más adeptos seamos a sobrevivir en el mundo del control, más difícil puede que nos resulte liberarnos.

Para la mayoría de la gente, alcanzar a comprender es suficiente de hecho para ayudarles a superar la vivencia de inseguridad y acometer una evaluación más objetiva de sus capacidades. El secreto parece residir en encontrarle un sentido. Utilicemos nuestra revisión de vida para lograr esto. Volvamos a ella las veces que sea necesario hasta comprender verdaderamente cómo todo un proceso de acontecimientos que en su momento no comprendimos acabó por alterar nuestra confianza en nosotros mismos.

Pensar en la forma de salir de la inseguridad

A medida que vayamos trabajando todo esto, recordemos que existe otra razón por la que podemos pensar en la forma de salir de la inseguridad: fuimos nosotros igualmente quienes pensamos en la forma de entrar en la creencia falsa. Esto no tiene nada que ver con inventarnos un nuevo concepto de nosotros mismos. Ni tampoco tiene que ver con adoptar una nueva forma de ver lo que somos. Incluso se puede decir que tampoco tiene que ver con generar una sensación nueva de valía o de importancia. Desde el principio se ha tratado únicamente de volver a nuestra fe original en nosotros mismos.

Esto último es crucial. El cambio no es tanto un paso hacia adelante, sino un paso hacia atrás en dirección al punto de partida. Por ello es un proceso cuya esencia consiste en repensar. Si fuimos capaces de sacrificar una creencia correcta acerca de nosotros mismos y aceptar un supuesto erróneo, podemos sacrificar igualmente la visión errónea de nuestra valía y recobrar nuestra creencia original de que somos unas personas valiosas. Dado que empezamos a vivir creyendo en nosotros mismos, dicha creencia está en alguna parte dentro de nosotros esperando únicamente a que la vuelvan a despertar.

Dejar de aceptar lo inaceptable

El siguiente paso, después de comprender verdaderamente que somos unas personas valiosas con nuestros propios derechos, es retomar el control de nuestra vida. Si pretendemos ser libres, hemos de hacernos cargo de lo que nos suceda. ¿Y cómo podemos hacer esto? Lo primero que debemos hacer es averiguar lo que es aceptable para nosotros y lo que no lo es. Tenemos que dejar de aceptar las conductas inaceptables. Como ha venido siendo el caso desde un primer momento, este principio se aplica a todas las relaciones, pero en ninguna otra parte es más importante que dentro de una relación de pareja.

Como hemos venido señalando con frecuencia, el proceso de desplazarse del estado de idealización ciega a la realidad y de ahí a veces a lo inaceptable, es gradual. Una de las consecuencias del carácter gradual del proceso es que cuando nos damos cuenta de que nuestra relación está basada en el control, podemos acabar sintiéndonos culpables por el hecho de intentar cambiar las cosas y de retrotraer la relación al punto en el que las cosas iban bien. Puede parecernos que estamos rompiendo el acuerdo respecto de lo que es aceptable y lo que no lo es.

Al principio puede resultarnos difícil reconocer lo controlados que hemos llegado a estar. Y de alguna forma ciertamente el hecho de querer cambiar es romper el acuerdo respecto de lo que era "aceptable". Ahora bien, con el aumento de la conciencia ganamos el poder y el derecho que siempre hemos tenido de repensar las cosas. "Lo que me parecía aceptable mientras estaba bajo tu control ya no me parece aceptable ahora que comprendo lo que verdaderamente está pasando", debemos insistir.

¿Esto es realmente legítimo? ¿Es realmente correcto pedir que se modifique el contrato? Veámoslo de esta otra forma: ¿es legítimo que evolucionemos? ¿Es legítimo que aprendamos y que crezcamos a partir de lo que aprendamos? Si suponemos que los procesos de evolución, aprendizaje y crecimiento se prolongan únicamente del nacimiento al matrimonio y después se detienen, ¿qué sentido tiene seguir viviendo después del día de nuestra boda? No estamos en este mundo para estancarnos, y ello en ningún momento de nuestra vida. Estamos en este mundo para evolucionar, lo que incluye aumentar nuestra conciencia en todas las áreas de nuestra vida, pero especialmente en nuestras relaciones interpersonales y en la forma en que nos relacionamos con otras personas –y no existe una relación interpersonal tan profunda como la relación de pareja.

Al final del capítulo 4 revisamos los elementos de nuestra relación con nuestra pareja. Ahora es el momento de analizar todos los aspectos de dicha relación y decidir por nosotros mismos lo que es aceptable y lo que no lo es. En cierto sentido, redefiniremos la relación en lo que queremos que sea. Ello se convertirá en nuestra materia de negociación si los dos decidimos cambiarla. Necesitaremos tener una visión clara de la vida que queremos llevar y de cómo queremos llevarla dentro de una relación de pareja.

Después viene la gran pregunta: Esta vida que queremos llevar, ¿es posible dentro del marco de nuestra relación actual? Tal vez no seamos capaces de responder a esto por nuestra propia cuenta y tengamos que consultar a nuestra pareja. Pero aun contando con la opinión de nuestra pareja, la decisión concerniente a lo que haremos a continuación es nuestra decisión personal. Tendremos que tomar nuestra propia decisión.

Ejercicio: Identificar las conductas inaceptables presentes en nuestra vida

Este ejercicio tiene por objeto continuar desvelando las pautas presentes en nuestras relaciones. Una vez más, se trata de prestar mayor atención a las conductas inaceptables.

Cuando nuestra pareja haga algo que nos parece inaceptable, pero no hacemos nada frente a ello, sacaremos nuestro libro de notas y reflejaremos por escrito el incidente. Si los incidentes se repiten, es importante anotarlo porque permite identificar las áreas problemáticas más graves. Si nos cuesta identificar cuándo aceptamos lo inaceptable, volvamos al capítulo 3 con objeto de orientarnos. Podemos ayudarnos igualmente de la información desarrollada en los ejercicios anteriores.

También nos será útil llevar un registro de cuándo permitimos que otras personas se comporten con nosotros de una forma inaceptable.

Son varias las pautas que estamos tratando de identificar: las personas que tienen el mayor control sobre nuestra libertad, las áreas en las que nos sentimos menos seguros y tal vez también las áreas en las que nos sentimos más seguros y dispuestos a hacernos de valer. Puede que descubramos que nuestra pareja logra que aceptemos lo inaceptable y nadie más tiene ese poder. Puede que descubramos que condescendemos únicamente en las situaciones que tienen que ver con las relaciones personales, pero podemos ser muy asertivos en el trabajo. Pongamos por escrito cualquier pauta que identifiquemos a medida que la veamos aparecer. Esto nos ayudará a identificar algunas áreas a trabajar.

Luchar contra las concesiones personales

La idea de sacrificar partes de nosotros mismos ya ha sido expuesta en varias ocasiones. Con cada concesión personal que hacemos, renunciamos a una parte de lo que somos. Pero lo bueno es que siempre podemos recuperar nuestro *self*. No es lo mismo que si fuésemos por ahí con un hacha de bolsillo y cuando alguien quisiera una parte de nosotros mismos, nos cortásemos un dedo o un pie y se lo ofreciéramos. Se trata de un proceso mental y le podemos dar la vuelta.

Mentalmente le cedemos un derecho, una conducta o cierta cantidad de poder personal a otra persona. Tal vez renunciemos al derecho de tener voz en los gastos familiares. Tal vez renunciemos a la propiedad sobre nuestro cuerpo renunciando al derecho de negarnos a unas demandas sexuales que no deseamos satisfacer. Tal vez renunciemos al derecho de decidir el destino de la vacaciones. Tal vez renunciemos simplemente al derecho de utilizar el mando de la televisión. Esto es: "Si pongo el programa que quiero ver, tendré que aguantar toda la noche una cara de aquí te espero, así que mejor lo dejo". Y así sucesivamente. Hacer concesiones personales es vender nuestro *self* –parte a parte.

Pero en cualquier momento podemos recuperarlo íntegramente. Podemos cancelar los acuerdos y dejar de ceder. Las concesiones personales son procesos constantes, razón por la cual son tan perjudiciales para la autoestima del que cede. Cada vez que el controlador exige algo, ello requiere una nueva concesión. Por ejemplo, no nos limitamos a acceder de una vez por todas a tener relaciones sexuales cada vez que nuestra pareja así lo quiera; renunciamos a nuestro cuerpo cada vez que accedemos a hacer algo que no queremos hacer. No firmamos la cesión del control absoluto sobre el mando de la televisión;

cada vez que queramos ver un programa determinado y nuestra pareja no, tendremos que ceder el mando de la televisión.

Pero, del mismo modo, en cualquier momento tenemos la opción de recobrar nuestro *self* negándonos a satisfacer la demanda. Sólo hace falta decidirlo así, tener fuerza de voluntad y llevarlo a cabo. Nada más. Aunque tal vez ya sea mucho pedir.

Una vez más, a veces elegimos hacer algo que no tenemos ningún interés especial en hacer, simplemente porque queremos agradar a nuestra pareja. Para poder calificarlo de concesión personal, debe implicar renunciar a una parte de nosotros mismos, debe implicar algún tipo de coacción. Se trata de un forcejeo. Ahora bien, cambiar esto no significa vigilar rígidamente todos y cada uno de nuestros derechos. No pretendemos entrar en una lucha de poder, sino dejar atrás los viejos juegos de control.

¿Nos será fácil recuperar nuestro *self*? No, pero podemos hacerlo de hecho. Cuanto más tiempo hayamos venido haciendo concesiones personales, más difícil nos resultará cambiar estos hábitos. ¿Generará ello algún problema dentro de la relación? Muy probablemente, e insistir una vez más en que cuanto más tiempo haya venido sucediendo, más difíciles se pondrán las cosas.

El control actúa a lo largo de ciclos

Dentro de cualquier relación controladora los conflictos tienden a resolverse de una forma cíclica. De hecho, dado que están implicadas dos personas, en realidad son dos los ciclos de conducta que se acoplan conjuntamente.

A continuación viene un ejemplo de cómo puede funcionar esta dinámica: la persona controlada experimenta una sensación creciente de insatisfacción y se resuelve a abandonar la relación. Mientras tanto, el controlador experimenta una tensión y una inseguridad crecientes. El controlador explota (en un intento por recuperar el control) y a continuación trata de controlar los daños (en un intento adicional por recuperar el control). La determinación de marcharse por parte de la persona controlada va cediendo en respuesta al miedo a lo desconocido. La persona controlada reevalúa la relación, se adentra en la negación y finalmente cambia de intención. A ello le sigue un período de luna de miel por ambas partes, seguido a su vez de una tensión y una insatisfacción crecientes a medida que los respectivos ciclos vuelven a comenzar nuevamente.

Podemos ver fácilmente que existen dos ciclos dentro de una relación controladora al analizarlos paralelamente en el siguiente ejemplo:

Ciclo del controlado	**Ciclo del controlador**
Desilusión, insatisfacción creciente	Tensión creciente
Determinación de zanjar la relación	Explosión
Miedos crecientes, reevaluación de la relación, negación, cambio de intenciones	Control de daños
Luna de miel	Luna de miel
Desilusión, insatisfacción creciente	Tensión creciente

Una dinámica como ésta puede constituir una danza de por vida, pero es una danza de infelicidad para las dos partes. Cada una de las partes teme perder a la otra persona por encima de cualquier otra cosa.

Para liberarnos de estos ciclos es preciso superar el sistema de negación interna que hemos dejado evolucionar a lo largo del tiempo. Una vez más, éste se inicia con una baja autoestima, que es el elemento principal de una relación que evoluciona en dirección hacia el control. Una paciente afirmó que se sintió atraída inicialmente por su marido porque éste era firme y no permitía que nadie le dijera lo que tenía que hacer. Este rasgo le impresionó como una muestra de fortaleza y creyó que siempre podría apoyarse en él. Sólo mucho después empezó a darse cuenta de que este hombre tampoco parecía tener la menor intención de escucharla a ella. Cuando le pedí que valorase su nivel de autoestima, me contestó que no sabía lo que era eso.

Miedos que pueden aparecer en el camino

Es importante que afrontemos nuestros miedos, que los comprendamos y los superemos, si verdaderamente queremos cambiar nuestra vida. Podemos decidir dar por acabada nuestra relación de pareja, o podemos decidir tratar de acabar con la naturaleza controladora de la relación. Pero no haremos demasiados progresos a menos que afrontemos nuestro miedo a cambiar.

El miedo a lo desconocido se desarrolla con el paso del tiempo a medida que vamos cediéndole a nuestra pareja nuestro autocontrol y nuestra autonomía personales. Junto con la renuncia al autocontrol y a la libertad se desarrolla una dependencia creciente del controlador. Otra paciente tenía miedo de salir de casa sola, miedo de ir de compras sin su marido, jamás había hecho una sola operación bancaria sin él, ni siquiera sacar dinero. Pero treinta años atrás, cuando era soltera, vivía en su propio apartamento, trabajaba para mantenerse a sí misma y llevaba un estilo de vida totalmente independiente. A lo largo de los treinta años de matrimonio, sencillamente había olvidado que tenía las habilidades necesarias para hacer lo que quisiera y absolutamente por su propia cuenta.

También está el miedo a tener que empezar otra vez en otra relación, junto con el miedo a la posibilidad de no encontrar jamás a otra persona a quien amar. La gente tiene miedo de empezar de nuevo para acabar metiéndose en otra relación controladora.

Está también el miedo al rechazo de la familia. Son muchos los miedos que se combinan para presionar a la gente a permanecer en una relación controladora. Es muy fácil rendirse al control de daños del controlador, generar el autoengaño de que esta vez todo será diferente. Una paciente hablaba de la gran revelación que su marido había experimentado después de que ella le hubiese amenazado con abandonarle. Al parecer su marido había "visto la luz" y decididamente iba a cambiar. La mujer le dijo a su terapeuta que tenía auténticas esperanzas de que finalmente la relación acabara siendo lo que ella siempre había querido que fuera. Pero en realidad esta era la séptima gran revelación de su marido y ella estaba utilizando las mismas palabras que ya había utilizado en las seis ocasiones anteriores. Sólo manipulando sus propias percepciones, negando la realidad de que la última de las grandes revelaciones de su marido no era más que un control de daños, y fabricando esperanzas artificiales dentro de ella misma, podía esta mujer disuadirse de hacer lo que más temía –marcharse– y quedar en libertad.

Estos ejemplos no se ofrecen para transmitir un mensaje abiertamente negativo, pero es importante tener claro que tomar la decisión de liberarnos de una relación controladora requiere muchísima valentía. Por maravillosa que pueda parecer la libertad, requiere un precio muy alto. El precio depende de cuánto tiempo nos hemos permitido estar encarcelados. En última instancia, nuestra lucha es con nosotros mismos –con nuestros miedos y nuestras inseguridades. Pero si tenemos fe en nosotros mismos y en nuestra propia valía, podemos ganar la guerra ya sea dejando la relación de una vez por todas o bien trabajando conjuntamente con nuestra pareja para crear una relación nueva que no esté basada en el control.

No hay nada más valioso que la libertad personal.

Ejercicio: Identificar nuestro ciclo de control

Si hemos visto frustrados nuestros intentos de cambiar una relación controladora o de salir de ella, tal vez nos sea útil analizar la dinámica que nos mantiene atados.

Comparemos nuestra propia experiencia con los ciclos descritos anteriormente. Dediquémosle cierta reflexión y veamos si podemos reconocer algunas fases similares en el proceso de control en nuestra propia relación. ¿Aparece un período de luna de miel después de una explosión grave? ¿La rabia va creciendo gradualmente dentro de nosotros y de nuestra pareja? ¿Podemos advertir cuándo está a punto de aparecer otra explosión?

Puede que ambos tengamos unos papeles menos claramente definidos que los que aparecían en los ejemplos anteriores y también puede que haya diferentes elementos en nuestro propio ciclo de control.

En uno de mis pacientes las explosiones venían seguidas de un período en el que de forma característica su pareja permanecía en silencio durante varias horas pero después se ponía a hablar de cualquier cosa excepto del problema o de la explosión. En este caso concreto se desarrollaba una conspiración para negar la existencia de la explosión y desplazarse en dirección a la etapa de la luna de miel.

Es importante que nos percatemos claramente de nuestras propias conductas relacionadas con el control. El hecho de comprender cómo funciona nuestro ciclo de control constituye el primer paso para acabar con él.

6

QUÉ HACER SI DECIDIMOS QUEDARNOS

Algunas personas eligen deliberadamente permanecer en el contexto de una relación controladora por una serie de razones. Las razones pueden tener que ver con la familia, los hijos, el dinero, la religión u otros factores.

Si decidimos quedarnos en una relación controladora, ¿existe alguna forma de liberar nuestro *self* interior? No es fácil, pero está lejos de ser imposible. Lo que podamos hacer con la relación dependerá en gran medida de la actitud de nuestra pareja. Pero aunque ésta se esforzase por mantener el control, disponemos de algunas opciones.

Ser libres aunque nos quedemos

No es imposible construir una vida paralela al matrimonio y buscar la propia realización en esta vida separada. Es una labor difícil, pero factible. Dentro de este tipo de vida la libertad consiste en el tiempo empleado en los objetivos personales; con objeto de afrontar mejor el tiempo que le dedicamos a la relación controladora, debemos desarrollar nuestra capacidad de resistencia. Debemos adaptar consecuentemente nuestra definición de libertad, de modo que ésta sea compatible con el hecho de vivir en una atmósfera de control. Tenemos que centrar nuestra atención en el tiempo que empleamos al margen del control. Por ejemplo, la libertad puede significar decidir pasar tres semanas en Florida con un hermano y hacerlo; puede significar prestarse como voluntario a pasar una semana en un campamento juvenil como orientador y hacerlo; pero no puede incluir el irnos a vivir solos y tomar todas las decisiones del día a día sin la presencia del controlador.

Sería un error juzgar a una persona que elige quedarse en una relación controladora. Ser libre incluye el derecho de tomar decisiones vitales. No tiene cabida hablar aquí de correcto o incorrecto. Se trata de una decisión personal. La preocupación debe recaer más bien en que las decisiones vitales se tomen con conciencia. El hecho de permanecer en una relación controladora supone una amenaza para la libertad personal y ésta deberá ser protegida vigilantemente. El controlador necesita destruir la libertad con objeto de controlar. De modo que si la libertad sale a la luz, se convertirá en el blanco del controlador. Esta es la razón de que el tiempo, los amigos, los contactos con el exterior y demás ámbitos de libertad de la persona controlada se vayan incorporando gradualmente al sistema de control. La libertad constituyen la antítesis natural del control.

Hay una canción francesa llamada "Anna" que habla de Ana Frank ocultándose de los nazis en los confines de un desván de Amsterdam. En la canción Ana oía las botas de los soldados deambulando por la calle, pero en su corazón atesoraba un jardín. Trataba de concentrarse en el jardín y en las flores que crecían en él. Incluso en el momento mismo en que los soldados la capturaron, seguía pensando en el jardín dentro de su corazón. La canción es hermosa, pero también nos ofrece el ejemplo de alguien esforzándose por seguir siendo libre dentro de una situación de confinamiento. No podemos compartir el jardín secreto con nuestra pareja controladora, porque ésta trataría de destruirlo.

Cuando elegimos no dejar una relación controladora, tal vez la estrategia más común sea tratar de ayudar a nuestra pareja a cambiar y a desarrollarse. Hay casos en que la pareja cambia realmente. Pero desgraciadamente son muy raros. La mayoría de las veces, la pareja ya está muy avanzada en su propia andadura vital personal y el control constituye una parte tan arraigada de dicha trayectoria que resulta muy difícil desembarazarse de él. Las personas llegan al lugar donde se encuentran en la vida a través de un proceso. Algunos están demasiado consagrados a sus defensas como para renunciar a ellas.

Los controladores suelen verse a sí mismos como ganadores en la guerra de los sexos y no acaban de creerse que dos personas puedan estar juntas sin que uno de los dos aplaste al otro. Lo único que ven es la guerra. Es muy difícil convencer a alguien de que arroje las armas cuando éstas le parecen tan esenciales. Recordemos que podemos ver a nuestra pareja evolucionar, pero es muy poco lo que podemos hacer por influir realmente en dicha evolución. No es fácil enseñarle a otra persona a recorrer nuestro propio camino. Ahora bien, a pesar de todo ello podemos seguir sintiendo que tenemos el deber, para con nuestra pareja y para con la relación, de esforzarnos en cambiarla por algo que esté libre de control.

Recuperar la confianza nos será difícil

Muchas personas se sorprenden de lo difíciles de resolver que pueden ser los problemas de pareja. Son muchos los factores que confluyen para hacer que la solución sea difícil. La mayoría de las veces el mayor problema a nivel mental y emocional es la cuestión de la pérdida de la confianza. A lo largo de la evolución de una relación controladora pueden suceder tantas cosas malas que la confianza acaba destruyéndose y en muchos casos jamás puede volver a restablecerse.

Es difícil dejar atrás las heridas del pasado. Existe una tendencia a insistir en las cosas malas que sucedieron a lo largo de una relación. Éstas pueden convertirse en una fuente de constante discusión y malestar. Pero para liberarnos del pasado es preciso volver a confiar. Una de las razones por las que podemos seguir insistiendo en las cosas malas que nos sucedieron es que tenemos miedo de que puedan volver a ocurrir. Es natural que pretendamos algún tipo de garantía por parte de una pareja que nos hirió y nos controló; de que, en el caso de seguir juntos, no volveremos a caer en el hábito del control –pero no es posible dar una garantía semejante. O recuperamos la confianza que una vez tuvimos en nuestra pareja, o no. La confianza no se gana, se da. Esta vez, a diferencia de la primera, existe un mal precedente que es preciso superar antes de que podamos volver a dar nuestra confianza.

Esta puede ser la dificultad más difícil de superar, pero no es la única. Otras preguntas incluirían: ¿Podremos recuperar el respeto hacia la persona que nos controló durante tanto tiempo? ¿Podremos respetarnos a nosotros mismos después de haber permitido que nos controlen de esa forma? ¿Podrá nuestra pareja respetarnos como un igual dentro de la relación después de haber estado rebajándonos y controlándonos? ¿Podremos volver a ser nuestros mejores amigos? Y también la siguiente: ¿Podremos entregar nuestra mente, nuestro cuerpo y nuestro espíritu en la expresión más auténtica y más hermosa del amor físico con la persona que nos controló durante tanto tiempo? Son muchos los problemas difíciles a resolver, en el caso de que optemos por intentar salvar la relación. Cuando una relación se convierte en una relación basada en el control, suele ser cierto que con el paso del tiempo nada queda intacto dentro de la relación.

Una reflexión más. La cantidad de esfuerzo que estemos dispuestos a invertir en salvar una relación vendrá determinada hasta cierto punto por nuestro propio sistema de creencias. A algunas personas, el finalizar una relación fallida les parecerá lo más lógico del mundo. A otras, que tal vez se hayan casado con el propósito de pasar la vida entera con la otra persona, el finalizar la relación les parecerá un error.

Al margen de cuáles puedan ser nuestras creencias, si finalmente decidimos dejar la relación, nos dará fuerzas saber que le hemos consagrado previamente nuestros mejores esfuerzos. De modo que debemos preguntarnos a nosotros mismos: ¿Acaso no hay otra solución? ¿No se puede ser libre dentro de esta relación?

Cómo le afectará a nuestra pareja la decisión de quedarnos

Si bien son muchas las personas que pueden darse cuenta de que su relación es un desastre, tal vez sus parejas no tengan el menor indicio de que algo pueda ir mal. Podemos ponernos a hablar de divorcio y descubrir que nuestra pareja se queda absolutamente atónita ante la idea de terminar la relación. ¿Nuestra pareja está poniendo en marcha el control de daños, o la sorpresa es más bien real? ¿Nuestra pareja no era realmente consciente de los problemas ni de lo que estaba pasando con la relación, o su reacción es más bien fingida en un esfuerzo por ganar tiempo para hacer que nos volvamos atrás?

No hay respuestas fáciles a estas preguntas. Ahora bien, las personas tienen una tendencia natural a evitar el cambio. Si nos ponemos a hablar de separación, nuestra pareja también tendrá que afrontar la posibilidad de renunciar a lo que ha venido dando por sabido y aceptado. Por infeliz que pueda ser, también nuestra pareja tiene un interés en la relación y unas dudas naturales ante la perspectiva de adentrarse en un terreno desconocido. De modo que podemos estar casi seguros de que la reacción inicial de nuestra pareja ante nuestra decisión de acabar la relación será negativa. Inicialmente es probable que se centre en sus pérdidas y vea los cambios potenciales como algo muy negativo.

Aunque nos estamos dirigiendo a otra persona –nuestra pareja– el siguiente paso está dentro de nosotros mismos. Tenemos que abordar la siguiente cuestión absolutamente solos: "¿Estoy dispuesto a darle otra oportunidad a la relación?" La diferencia en este caso, por contraste con todas las otras oportunidades que podamos haber dado anteriormente, es que ahora los problemas están sobre la mesa y a la luz, y no ocultos e ignorados. Esta es una oportunidad de discutir las cosas detenidamente, de solucionar los problemas, de clarificar las expectativas y las necesidades, y de negociar. Son muchas las personas que se decantan por esta opción.

Hablando con nuestra pareja, podemos descubrir que ninguno de los dos se ha parado jamás a definir la relación, que los dos la hemos dado por hecho como si se tratase de un organismo viviente y autónomo y que jamás la hemos analizado realmente. En algún momento del proceso hemos descubierto que nos estaban controlando, que no podíamos sentirnos libres dentro de una atmósfera de tales características y que queríamos ser libres por encima de cualquier otra cosa. Las parejas suelen replicar que jamás se les ha pasado por la cabeza que pudieran ser unos controladores y que no tienen el menor deseo de controlarnos. ¿Cómo podemos proceder en lo sucesivo?

Sentar las bases para negociar la relación

Si queremos darle otra oportunidad a la relación, los pasos que vienen a continuación constituyen una guía práctica para ocuparse de ello. Este método tiene por objeto ayudarnos a organizar la negociación y orientar a nuestra pareja a lo largo del proceso de alcanzar a comprender dónde nos encontramos ahora.

El primer paso consiste en compartir con nuestra pareja todo aquello de lo que hemos venido hablando hasta ahora. Este es el momento de utilizar el análisis que hicimos de nuestra relación (véase capítulo 4). Debemos ser muy claros respecto de qué cambios queremos introducir en la relación. También hemos de darle a nuestra pareja el tiempo necesario para hacer su propio análisis de la relación. A fin de cuentas, hemos estado esperando que llegara este momento desde hace mucho tiempo. Nuestra pareja puede o no haberse sentido igualmente insatisfecha con la relación. Todo esto puede parecerle una absoluta novedad y tal vez necesite tiempo para comprenderlo. Comparemos nuestro análisis con el análisis de nuestra pareja. ¿Existen algunas áreas en común? ¿Áreas en las que se puedan introducir fácilmente algunos ajustes? Por ejemplo, nuestra pareja puede enfadarse cuando nos mostramos críticos por cosas de poca importancia y nosotros podemos enfadarnos cuando nuestra pareja quiere que le demos explicaciones respecto del tiempo que pasamos fuera de casa. Tal vez sea posible llegar a un acuerdo y ambas partes pueden esforzarse por modificar su actitud en este terreno.

Ambos tenemos que analizar la forma en que cada uno de nuestros comportamientos nos afecta mutuamente. Necesitamos comprender con toda claridad cómo deben cambiar las cosas a un nivel conductual. Pero lo que es más importante, ambos necesitamos comprender cómo deben cambiar las actitudes y los puntos de vista con objeto de no volver a caer en lo mismo. La próxima sección se ocupará de describir este proceso con detalle.

Nada de esto es fácil. Puede incluso que necesitemos la ayuda de un observador externo e imparcial. A nivel mental y a medida que vamos negociando debemos sentirnos cómodos con el desarrollo de los acontecimientos. También hemos de tener mucho cuidado de no engañarnos a nosotros mismos; tenemos que vigilar y evitar la posibilidad de volver a crear un nuevo sistema de negación.

La negociación es algo muy peligroso. No podemos estar totalmente seguros de que el acuerdo de nuestra pareja respecto de introducir cambios importantes sea real hasta que dichos cambios no se lleven a la práctica. Pero, y lo que es igualmente importante, no podemos confiar plenamente en nuestras propias actitudes a menos que permanezcamos vigilantes y seamos honestos con nosotros mismos. Una vez contrastadas las dos evaluaciones de la relación, podemos desplazarnos al siguiente paso.

El proceso de negociación

¿Funcionan las negociaciones? A veces sí. Podemos maximizar las posibilidades de que surtan efecto adoptando una serie de medidas. No olvidemos que es importante negociar sin agresividad. Esto puede parecer imposible, pero es necesario. Se supone que la negociación es algo constructivo y que la agresividad es una fuerza destructiva. Si ambas partes tienen algún fondo agresivo que ventilar, es preciso que lo hagan fuera del proceso de negociación. Esto es posible de hecho. Podemos concertar unos momentos específicos para discutir heridas del pasado cuando no estemos negociando. Lo mejor que podemos hacer durante esos momentos es escuchar a nuestra pareja. Tenemos muchas cosas dentro de nosotros que pugnan por salir fuera, pero debemos hacerlo de una forma equilibrada. Es importante que nos esforcemos por captar cómo ve las cosas nuestra pareja. Esto nos ayudará a comprender el papel que desempeñamos en la danza del mal que estuvimos desplegando juntos. Porque estábamos ahí, ¿o no? Estuvimos participando. La relación controladora no surgió de la nada. Es muy importante que comprendamos cómo reaccionamos ante el control con el fin de que podamos evitarlo en un futuro, ya sea con nuestra pareja actual o con cualquier otra.

Además de negociar sin agresividad, también es importante negociar sin juzgar. No juzgarse mutuamente puede ser tan difícil como no enfadarse. Tenemos que acordar dejar en suspenso durante la negociación cuestiones tales como quién tiene la culpa, quién llevaba la razón, quién estaba equivocado y demás cosas por el estilo. Partimos de la base de que no fuimos al altar conspirando conjuntamente para hacernos el uno al otro tan desgraciados como ello nos fuera posible y durante el mayor tiempo posible. No nos levantamos cada mañana tratando de encontrar la mejor forma de amargar a la otra persona a lo largo del día. Tenemos que dar por supuesto, y esperar que la suposición sea válida, que las cosas hirientes que nos hacemos mutuamente no son deliberadas. O, con el fin de ser más realistas, tenemos que dar por supuesto que los comportamientos hirientes no se iniciaron originalmente como acciones deliberadas que tuviesen por objeto herirnos mutuamente. Con todo esto como punto de partida, la negociación puede adoptar un cariz más constructivo que beligerante y acusador.

Durante una negociación también tenemos la oportunidad de llegar a conocer más a fondo el carácter de nuestra pareja. No olvidemos que la información es poder. Cuanta más información podamos recabar, mejores decisiones podremos tomar. A medida que nos informemos de qué fue lo que condujo a nuestra pareja a actuar de una forma tan hiriente, podremos saber más acerca de ella. A lo largo de la negociación debemos tener siempre presente la pregunta: ¿Funcionará esto? Cuanto más sepamos cómo piensa y cómo ve las cosas nuestra pareja, y especialmente cómo nos ve a nosotros y a las relaciones en general, más capaces seremos de responder a esta pregunta.

Así pues, la negociación debería ser en común y estar libre de culpabilizaciones y de acusaciones. La relación ha evolucionado a lo largo de un proceso. Ahora las dos partes estamos analizando este proceso y tratando de encontrar la forma de mejorarlo. Cuanto más capaces seamos de ver el proceso, y no tanto las cosas concretas que fueron sucediendo, más objetivos seremos y más se incrementarán a su vez las posibilidades de que tengamos éxito. Como vemos, en una auténtica negociación ambas partes hemos vuelto a ser unos verdaderos compañeros –o tal vez lo seamos por primera vez. Hemos desarrollado un objetivo común y debemos trabajar juntos, como un equipo, para alcanzarlo.

Darnos tiempo

Es importante que nos demos el tiempo necesario para que todo esto pueda funcionar. El análisis que cada una de las partes llevó a cabo nos mostrará las cosas específicas que es preciso cambiar. Debemos esforzarnos por centrarnos en líneas de acción que se adapten a nuestras diferencias. Por ejemplo, no suele ser útil hacer este tipo de sugerencia: "Ten más paciencia cuando vayamos de compras". Es mucho mejor proponer el siguiente cambio: "Cuando vayamos de compras y empieces a impacientarte, házmelo saber. Si he terminado, podemos irnos; pero si necesito más tiempo, puedes irte por tu cuenta y nos encontraremos en el coche a una determinada hora". Es imposible fingir la paciencia, pero sí podemos disponer de un plan alternativo –una línea de acción que sea aceptable para ambas partes– para cuando aparezca la impaciencia. Lo que realmente queremos evitar cuando surge la impaciencia son las malas caras, los suspiros y las miradas afligidas de nuestra pareja que pretenden hacer que nos sintamos culpables, lo que constituye de hecho una actitud controladora.

Los nuevos hábitos necesitan tiempo para desarrollarse. Los seres humanos, siendo como somos imperfectos, cometemos errores. El cambio no tiene lugar de la noche a la mañana. Los dos necesitamos cambiar. Los dos necesitamos disponer de unas estrategias con el propósito de detener en seco el juego del control. El controlador necesita que le muestren sus técnicas de control. La persona controlada necesita que le muestren sus juegos o actitudes que conducen al control. Las parejas pueden hacer estas cosas el uno por el otro (en lugar de hacérselas el uno al otro).

También cabe la posibilidad de que seamos camelados por una pareja que no esta realmente interesada en cambiar. Más tarde o más temprano nos daremos cuenta de si nuestra pareja está volviendo a recurrir a las viejas conductas. Si pensamos que eso es lo que está sucediendo de hecho, podemos hacérselo saber a nuestra pareja y tal vez ésta lo niegue: "No estaba haciendo eso. Lo estás interpretando mal". ¡Mala señal! Alguien verdaderamente interesado en cambiar se mostraría deseoso de comprender nuestras impresiones: "No era eso lo que quería transmitir; ¿qué fue lo que te hizo pensar que estaba tratando de controlarte? Vamos a hablarlo".

Alguien que verdaderamente quiere cambiar es alguien que quiere hablar las cosas, que quiere comprender, que no quiere volver a caer en lo mismo. Ambos tenemos que estar de acuerdo en poner más empeño en trabajar la relación ante todo. Es una mala señal que nuestra pareja sugiera que hay cosas supuestamente más importantes que hacer. En terapia, las parejas suelen decir que no tienen tiempo de ocuparse de sus problemas. Pero no hay nada más importante que mejorar nuestra vida, dentro de la cual nuestra relación de pareja es una parte esencial. ¿Cómo podemos anteponer ninguna otra cosa?

Tengamos mucho cuidado de no volver a caer en los viejos hábitos. Ante cada una de las cosas que hace nuestra pareja, nosotros hemos desarrollado una reacción característica. Esta reacción podría iniciar la danza del mal una vez más. Cuanto más tiempo se haya prolongado la relación, mayor será el peligro de que volvamos a consentir las mismas actitudes controladoras. Resistirnos a ello nos será todavía más difícil si las relaciones controladoras son lo único que siempre hemos conocido. Adentrarnos en el sistema de negación nos parecerá la cosa más natural. De modo que es extremadamente importante que no dejemos de observarnos a nosotros mismos a lo largo de este proceso.

Si la negociación está funcionando, pronto lo sabremos. Veremos un cambio, y un cambio real –en los dos. También deberíamos ver que nuestra autoestima y la de nuestra pareja van a más. Deberíamos sentirnos mejor con nosotros mismos, y no peor. Ambos deberíamos empezar a sentir que salimos ganando mutuamente. También deberíamos advertir que cada uno de nosotros está centrado en el otro y en las necesidades del otro.

Así pues, si la negociación está dando resultado, lo sabremos. Pero en el caso contrario, puede que no lo veamos tan fácilmente. Estos pueden ser algunos indicios adicionales: si los cambios no son reales, no advertiremos ningún salto espontáneo hacia adelante, ninguna sensación de mejoría respecto de nosotros mismos, ningún aumento en el ámbito de la autoestima y ninguna impresión de salir ganando mutuamente. En su lugar, la sensación de competición seguirá estando presente, escondida bajo la superficie.

No olvidemos que nuestras decisiones están siempre bajo nuestro control. Podemos decidir que hemos tomado una decisión fallida. Con el tiempo podemos cambiar de opinión. Si llegamos al punto en el que decidimos que la opción de quedarnos ya no nos parece aceptable, podemos reconsiderar nuestra posición y escoger la otra opción: marcharnos. Esto no es señal de que hemos fracasado, sino de que somos realistas. El fracaso es permanecer inmóviles en una posición inaceptable y no permitirnos salir adelante.

7

QUÉ HACER SI DECIDIMOS MARCHARNOS

Una vez que decidamos dejar una relación controladora, podemos descubrir que no es tan sencillo. Muchas personas han llegado a un momento decisivo –el momento de afrontar el hecho de que su única opción real es zanjar la situación– y sin embargo muchas de ellas han elegido proseguir sus relaciones.

Cuando contemplamos la situación objetivamente, puede que nos sea difícil comprender por qué estas personas obraron de este modo. Puede parecernos evidente que en nuestro caso no vacilaríamos en tomar una decisión autónoma y beneficiosa, la decisión de sobrevivir de hecho, para salir de las garras del control e intentar vivir por nuestra propia cuenta. Ahora bien, si vivimos dentro de una relación controladora y hemos tratado de salir pero nos ha sido imposible, podemos estar seguros de que no somos los únicos. Es preciso analizar las razones por las que resulta tan difícil salir de las relaciones controladoras, si pretendemos dejarlas atrás.

Sabemos que son muchas las personas que han podido evitar el control en sus relaciones. Muchos han sido capaces de advertir el control cuando empezaba a desarrollarse y ponerle fin. Muchos han sido capaces de trabajar junto con sus parejas para adaptarse en lugar de competir y de luchar por el control. De modo que, ¿por qué les resulta tan difícil a algunas personas salir de las relaciones controladoras?

Vencer al enemigo llamado miedo

La gente dirá que ha invertido cinco, diez o veinte años de sus vidas en una relación y que no pueden dejar así sin más una inversión de tan larga duración. Una de mis pacientes dijo de hecho: "Se llevó toda mi juventud". Declaraciones de este tipo vienen casi siempre acompañadas de una serie de miedos por debajo del enfado y de la indignación.

Imaginémonos una de esas antiguas balanzas de platillos. En uno de los platillos está lo Conocido y en el otro lo que podríamos llamar el Gran Interrogante. Lo Conocido es la vida que vivimos, nuestra existencia del día a día y nuestras relaciones, ante todo nuestras relaciones. Tenemos un matrimonio, una pareja en la vida y una existencia conyugal. Tenemos un tipo de relación, una forma de tratarnos, de comunicarnos y de vivir juntos. Todo esto nos resulta conocido. Si pretendemos renunciar a ello, tendremos que adentrarnos en el mundo del Gran Interrogante.

Por infelices que podamos ser, nuestra relación constituye un terreno que nos resulta familiar y en el que sabemos cómo sobrevivir. Hemos aprendido a salir adelante y a satisfacer relativamente nuestras necesidades. Como mínimo, hemos aprendido a satisfacer las necesidades suficientes como para que la vida nos resulte tolerable. Pero no sabemos nada acerca de cómo podría ser la vida fuera de esta relación. No tenemos ni la más remota idea de lo que nos sucederá si optamos por el Gran Interrogante en lugar de por lo Conocido. Esto es inquietante. Es absolutamente natural que cuanto más tiempo llevemos dentro de una relación, más inquietante nos parezca el Gran Interrogante. Para que nos decidamos a finalizar la relación, lo que conocemos debe parecernos realmente mucho peor que cualquier otra cosa que pudiera depararnos el futuro.

Podemos servirnos de la misma balanza para valorar otras cosas. Por ejemplo, en uno de los platillos podemos poner toda la infelicidad asociada a la relación y en el otro todas las cosas buenas: los hijos, la estabilidad económica, las cosas materiales, el beneplácito de los parientes y de los amigos, las libertades personales que podemos haber desarrollado en el transcurso de la relación e incluso los buenos momentos que hayamos podido pasar con nuestra pareja. Existen muchos aspectos positivos dentro de cualquier relación, incluso dentro de una relación controladora.

Mientras no estemos decididos a finalizar la relación, nos resulta relativamente fácil contemplar y darle vueltas a los aspectos negativos. Pero tan pronto como empecemos a considerar seriamente la posibilidad de acabar la relación, por alguna razón empezamos a concentrarnos en los aspectos positivos. Constituye una tendencia bastante común. Viene a ser como pasar de centrarnos en lo que estamos soportando a centrarnos en lo que perderemos. Para que nos decidamos a finalizar la relación, la balanza imaginaria tiene que poner de manifiesto que los aspectos negativos superan con creces a los positivos.

El miedo a lo peor

Si dejamos una relación insana, ¿qué es lo peor que nos puede suceder? ¿Qué es lo que más tememos? Dependiendo de cómo seamos, nuestra respuesta será diferente. "Lo peor" no es lo mismo para todo el mundo. Para algunas personas, lo peor es la perspectiva de tener que volver a empezar con una nueva relación. Tal vez les asuste la posibilidad de que no sean capaces de volver a confiar jamás en otra persona. Otros dirán que tampoco saben si podrán volver a confiar jamás en su propio criterio. Esto es especialmente cierto en el caso de las personas que se han mantenido dentro de una relación insana durante mucho tiempo; la idea de dar marcha atrás y de volver a empezar de cero con otra persona les resulta prácticamente inconcebible.

Para la mayoría de la gente, lo peor que les puede pasar es que no encuentren a nadie. El miedo a quedarse solos, a envejecer solos, les parece lo peor que les puede suceder. Son muchísimas las personas que entablan otra relación antes de decidirse a zanjar definitivamente su matrimonio. Esta es una posible solución, pero la mayoría de estas nuevas relaciones acaban siendo un calco de las que dejan atrás. Esto es así porque no se dan la oportunidad de sanar debidamente después de salir de la relación controladora. Necesitamos un tiempo para aclarar las cosas, para comprender cómo surgió el control, cómo se fue adentrando en lo que parecía ser una relación muy prometedora –y cómo evitar que nos vuelva a suceder lo mismo.

El miedo a volver a empezar

Para otras muchas personas, sin embargo, no es la relación que pueda venir después lo que constituye la fuente del miedo. Lo que más les preocupa es el mero hecho de tener que volver a empezar. Todo lo que tenían y todo lo que hacían giraba en torno a sus parejas. Y de repente todo parece recaer sobre sus propios hombros. No hay ninguna pareja a la que poder recurrir en busca de ayuda. Obviamente, la cantidad de ayuda de que disponían cuando la relación estaba intacta varía ampliamente y en algunos casos puede haber sido incluso inexistente. Pero todavía puede quedarnos la sensación de no haber pasado por eso que entendemos por vivir completamente solos. "Por muy manipuladora, exigente u odiosa que pudiera ser mi pareja, por lo menos tenía una pareja". Estar solos puede ser desolador. Pensemos en una madre trabajadora, con una casa y varios hijos, cada uno con sus problemas, enfrentándose de repente a la perspectiva de que su pareja se vaya y ella se quede con todas las responsabilidades y probablemente con unos ingresos enormemente reducidos. Este es ciertamente un futuro inquietante.

Cambiar por dentro

Estos impedimentos a la hora de decidirnos a liberarnos tienen todos ellos un denominador común. Todos están determinados por lo que pensamos o estamos convencidos de que sucederá. Es extraordinariamente raro que la gente permanezca dentro de una relación porque se vean forzados a ello por unas influencias externas inapelables. Por supuesto, a veces puede haber amenazas: "Me dijo que si me iba se mataría y no me veo capaz de soportar semejante culpa". Pero también es excepcional que las amenazas de violencia vayan realmente en serio. Ciertamente, hay gente por ahí que está al acecho y que hacen cosas verdaderamente horribles a las personas que tratan de abandonarles, pero son raras. Lo más probable es que las personas que verdaderamente lleguen a cometer un acto de violencia hayan sido violentas con anterioridad. Pero en la mayoría de las personas que se debaten entre quedarse o salir de una relación controladora, la batalla se libra dentro de ellos mismos. Se trata de un conflicto personal.

El cambio tiene que empezar por dentro. Si realmente queremos salir de una relación controladora, lo primero que tenemos que cambiar es nuestra percepción de que la relación es normal. Tenemos que destruir el mito de la normalidad antes de que podamos hacer el menor movimiento. Debemos reconocer que algo va mal, que nos merecemos algo mejor, que la infelicidad y la insatisfacción no son inevitables. Debemos combatir la desconfianza en nosotros mismos y aceptar que tenemos que afrontar nuestros miedos si pretendemos ser libres. Lo bueno es que podemos ser extraordinariamente flexibles si así lo queremos. Podemos cambiar realmente nuestro modo de ver la vida y nuestro concepto de lo que es normal en prácticamente cualquier etapa de nuestra andadura vital.

Influencias externas

Si estamos convencidos de que debemos irnos, ¿cuál es el siguiente paso? Puede ser –y de hecho suele ser el caso– que nuestra pareja no quiera dar por finalizada la relación. Nos veremos obligados a avanzar solos, tal vez incluso con alguna oposición manifiesta. Tenemos que estar preparados.

También es cierto que la familia y los amigos –nuestro sistema de apoyo– pueden igualmente obstaculizar el cambio. Puede que hayamos dado por supuesto que nos ayudarían, pero tal vez no lo hagan.

El cambio casi siempre tiene un precio –y cuanto más tiempo nos hayamos aferrado a un determinado hábito, mayor será el coste a la hora de abandonarlo. Por ejemplo, si llevamos casados veinticinco años, tenemos cuatro hijos (cada uno con sus respectivas parejas) y ocho nietos, y queremos separarnos o divorciarnos y liberarnos del control de nuestro cónyuge, en ese caso tenemos otras diecisiete personas más a tomar en consideración. Nuestra decisión les afectará a todos ellos sin excepción de una forma u otra. Pero si tenemos dieciocho años, estamos solteros y rompemos con una relación perjudicial, son muy pocas las restantes personas implicadas en nuestra decisión. Podemos incluso descubrir que tenemos a un grupo de amigos y familiares que no dejan de animarnos y aplaudirnos a medida que avanzamos a lo largo del proceso.

Si hemos estado casados durante mucho tiempo, probablemente tendremos un grupo de parientes inmediatos tratando frenéticamente de decidir quién se encargará de la próxima comida navideña que tradicionalmente se celebraba en nuestra casa, a cuál de nosotros dos deberían invitar y qué tendrán que hacer para aplacar al que quede excluido. Tal vez esto no parezca demasiado grave a primera vista, pero tomemos este ejemplo y multipliquémoslo por cada acontecimiento social que solía incluirnos a nosotros y a nuestra pareja. Todos estos eventos se verán alterados en el caso de finalizar la relación.

Es fácil comprender por qué con tanta frecuencia los parientes e incluso los amigos íntimos pueden desarrollar un interés en que permanezcamos en la relación controladora, aunque sean plenamente conscientes de lo infelices que somos dentro de ella. No es que quieran nuestra infelicidad, antes bien se trata simplemente de que el hecho de cambiar una norma establecida alterará a las personas que coexisten en torno a la misma. Tenemos que analizar todo esto con más detalle, porque puede acabar siendo un obstáculo de primera magnitud a la hora de finalizar una relación.

El cambio de estatus

Cuando nos casamos, nuestros parientes y amigos cambiaron la percepción que tenían de nosotros. Los parientes y amigos de nuestra pareja también cambiaron la percepción que tenían de ella. Ya no éramos "Bill" y ya no éramos "Emily". De repente surgió una nueva entidad conocida como "Emily & Bill". También se produjo una repentina expansión de amigos y parientes a medida que ambos empezamos a compartir nuestros círculos individuales respectivos. Ambos invitábamos a nuestros respectivos amigos a las fiestas y a nuestros respectivos parientes a las celebraciones familiares.

Veamos la relación a través de los ojos de los hijos de esta entidad llamada "Emily & Bill", a medida que observan que sus padres avanzan en dirección a dar su relación por finalizada. Si los hijos son pequeños, probablemente presionarán para mantener intacta la relación controladora, dado que están convencidos de que dependen por completo de que ambos padres sigan juntos. Si son mayores, pero todavía viven en casa, su concepto de lo que es la vida familiar también suele incluir a ambos padres. Aquí es donde el proceso de definir lo que es normal puede volver a perseguirnos. Los hijos suelen resistirse a cambiar dicha definición por muy infelices que ellos mismos puedan ser dentro de ella, dado que para ellos constituye el entorno familiar normal. Si son adultos, viven fuera de casa, están casados y a su vez tienen hijos, serán menos dependientes. Pero en ese caso también serán aún más las personas interesadas en la entidad "Emily & Bill".

Un paciente en sus cuarenta me dijo en cierta ocasión: "¡Dios mío! ¡Si el divorcio de mis padres sigue adelante, mi madre podría decidirse a tener relaciones sexuales con otro hombre!" El pensamiento le resultaba inquietante porque ello supondría que tendría que empezar ver a su madre de una forma totalmente diferente. En su caso, la mamá infelizmente casada y quejándose casi contantemente era muchísimo más fácil de aceptar.

El reto para las amistades

Además de esta presión para que dejemos las cosas "como están" y no soliviantemos a los círculos interrelacionados de parientes y amigos, puede haber otro factor en juego. Algunos amigos y familiares pueden adoptar una cautela bastante natural pero muy seria a la hora de apoyar este cambio tan fundamental –nuestra finalización de la relación controladora– sobre la base del temor a que no seamos capaces de llegar hasta el final. Este es más probable que sea el caso cuando ya lo hemos intentado anteriormente en otras ocasiones, pero al final hemos acabado vacilando. Al cabo de un tiempo nos parecemos al niño que gritaba que venía el lobo y con cada nuevo intento fallido por nuestra parte nuestro sector entusiasta se reduce cada vez más. Los ánimos de los que continúan apoyándonos se vuelven cada vez más tibios. En última instancia, se sienten ridículos cuando tienen que escuchar una y otra vez las razones de anular la jugada decisiva.

Esta indecisión puede acabar perjudicando a nuestras amistades. Veámoslo de la siguiente forma: decidimos dejar a la que ha sido nuestra pareja durante tantos años y uno de nuestros amigos se pone a la cabeza del sector entusiasta. Pero, ¿qué pasaría con este amigo si cambiamos de opinión? Nuestra pareja verá decididamente a nuestro amigo como una amenaza. Y puede que incluso nosotros mismos, en nuestro compromiso por intentar salvar la relación, nos sintamos de la misma forma en relación con nuestro amigo, que está al corriente de toda la historia y de todos los factores que nos llevaron a tomar la decisión de marcharnos. Tal vez se nos haga incluso muy difícil seguir viendo y tratando a nuestro amigo. Esto último será especialmente cierto en el caso de que en el fondo estemos convencidos de que nuestra relación no va a funcionar. Estas amistades lo tienen muy difícil a la hora de sobrevivir a una reconciliación.

Teniendo todo esto presente, tal vez nos sea más fácil comprender por qué a los amigos y a los parientes les parecerá a menudo que pueden salir perdiendo en el caso de que tomen partido y abandonen la neutralidad. Puede parecerles peligroso adoptar cualquier posición una vez que les hayamos dicho que hemos tomado la decisión de dejar a nuestra pareja. Para ser sinceros, finalizar una relación sentimental no es nada fácil y son muchas las personas que en última instancia no son capaces de llegar hasta el final, de modo que no podemos culpar a la gente por adoptar lo que para ellos es una posición segura y cautelosa (lo que en realidad supone no adoptar ninguna posición).

Quién está de nuestro lado

En última instancia, los parientes y los amigos tienden a pensar en las relaciones conflictivas en términos de un bueno y un malo.

Pero a medida que la relación empieza a disolverse físicamente, que las diferentes posiciones se vuelven cada vez más nítidas y que, tal vez, los sentimientos negativos se insertan en el proceso de ruptura y los ánimos comienzan a crisparse, las lealtades tienden a dividirse entre las respectivas familias. Es decir, al margen de quién haya podido ser originalmente el "problema" dentro de una relación, al final la familia de Emily cerrará filas en torno a ella y la familia de Bill cerrará filas en torno a él. Lo típico es que los viejos amigos acaben aliándose con el miembro de la pareja que ya era amigo suyo antes de que se formara la relación sentimental.

La inesperada falta de apoyo exterior puede ser nuestra mayor sorpresa cuando tomemos la decisión de abandonar una relación controladora. Puede que nos sintamos absolutamente solos. De hecho, las simpatías pueden desplazarse inicialmente hacia la persona que dejamos atrás. Podemos sentirnos totalmente abandonados y traicionados si no nos cuidamos de valorar las cosas debidamente. Hemos de comprender que todo el mundo tiene sus propios asuntos que tratar, por muy cerca que parezcan estar de nosotros.

Lo cierto es que debemos prepararnos para librar esta batalla esencialmente solos. No podemos contar con que nos apoyarán. Aunque sea cierto que tendremos algún apoyo procedente del exterior, es peligroso contar con ello para poner en marcha el proceso. Es incluso más peligroso contar con algunas personas específicas para que nos apoyen; hay demasiados factores en juego que desconocemos. En otras palabras, conviene prepararse para lo peor y esperar que suceda lo mejor.

La oposición manifiesta

Como ya hemos señalado, tal vez nos encontremos con una oposición manifiesta por parte de nuestra pareja. Ya conocemos las tácticas que ésta utilizará en su intento de frenar nuestros avances hacia la libertad. Podemos dar por hecho que pondrá en funcionamiento todas las tácticas que le hayan dado resultado anteriormente. Habrá algunas variantes, por supuesto. Siempre hay variantes. También podemos esperar un aumento de la intensidad a medida que vaya pasando el tiempo. El control de daños se volverá más dramático, las promesas serán más seductoras, las lágrimas fluirán más a menudo, las confesiones de amor serán más emotivas, el autocastigo será más frecuente y demás. Habrá más azúcar y sabrá más dulce. Seamos conscientes de nuestros ciclos de control. Ello nos ayudará a resistirnos a los viejos hábitos.

Durante la oposición manifiesta nuestra pareja se esforzará por tocar cualquier fibra sensible que pueda debilitarnos o hacernos reconsiderar nuestra postura. Las principales emociones que elegirá como objetivo serán la culpa y el miedo, dado que son las que mejor responden al control. Pero no son las únicas emociones que un controlador puede esforzarse por inducir. En la oposición directa no existen reglas ni hay juego limpio.

El problema reside en que es muy poco lo que podemos hacer por combatir la oposición manifiesta al margen de adoptar medidas legales. Pero en la mayoría de los casos éstas sólo pueden adoptarse después de haber solicitado el divorcio. Es muy difícil hacerle frente a la oposición manifiesta cuando el controlador sigue viviendo con nosotros.

En realidad existe una única respuesta a la oposición manifiesta. No sigamos el juego. No nos enzarcemos en las conversaciones, las súplicas, los intentos de hacernos creer que en realidad los problemas son por nuestra culpa, los intentos de seguir negociando los problemas, las amenazas o cualquier otra estratagema que pudiera salirnos al paso. Recordemos que llegados a este punto ya hemos ensayado anteriormente la negociación o bien la hemos rechazado por inviable. Comportémonos como si nuestro vocabulario se hubiese reducido exclusivamente a unas pocas palabras o expresiones: "¡No! ¡Para! ¡No pienso hablar de eso! ¡Sé lo que te llevas entre manos! ¡Esta vez no te va a dar resultado!", y sigamos adelante con el proceso.

Cuanto más simples sean nuestros planteamientos, más lograremos vencer la oposición manifiesta. A un controlador desesperado le trae sin cuidado la lógica o lo que sea correcto o incorrecto. Lo único que le preocupa es conseguir lo que quiere. Recordemos la imagen del cuarto de herramientas mentales. En la medida en que nos aferremos a una actitud elemental en blanco y negro, podremos evitar entrar el juego. Recordemos que los juegos mentales no son como los solitarios; se requieren dos personas para jugar un juego mental. Si no participamos en él, no funcionará.

La coacción como una forma de oposición manifiesta

La oposición manifiesta también puede adoptar la forma de coacción. Nuestra pareja puede tratar de forzarnos para que modifiquemos nuestra decisión en base, por ejemplo, a amenazarnos, acecharnos, espiarnos y en los casos más extremos recurrir a la violencia. Si el controlador se siente frustrado, será más difícil predecir lo lejos que pueda llegar para impedir que nos vayamos.

La frustración puede manifestarse de diversas formas, pero habitualmente suele expresarse por la vía de la agresividad. La forma como se manifieste la agresividad dependerá del carácter de la persona agresiva. ¿Qué hacer si nuestra pareja se pone violenta? ¿Qué hacer si nos amenaza? ¿Qué hacer si nos golpea? ¿Qué hacer si amenaza a las personas que están de nuestro lado? ¿Qué hacer si el controlador amenaza con autolesionarse? ¿Qué hacer si lleva a cabo esta amenaza?

Lo primero que debemos comprender es que la cosa tiene muy mala pinta. Por muy convencidos que podamos estar de que no va a suceder nada malo, conviene enfocarlo como si realmente fuera a suceder. Si hemos de cometer algún error, que sea por exceso de precaución. Conviene igualmente que dejemos bien claro que no vamos a tolerar esta conducta inaceptable. Si nos están amenazando o si la violencia hace acto de presencia, debemos ponernos inmediatamente en contacto con las autoridades competentes. Podemos acudir a la policía o bien a un centro de atención a la violencia doméstica y quedarnos allí hasta que se aclaren las cosas. Si nos sentimos amenazados, debemos hacer algo. Si aceptamos esta conducta inaceptable, ninguna ayuda exterior podrá protegernos.

Una vez más debemos insistir en que la violencia es excepcional si nuestra pareja jamás ha sido violenta anteriormente. La mayoría de los casos no llegan a ese extremo. Por lo general, podemos vencer la oposición manifiesta no participando en ella. En la mayoría de los casos, el mero hecho de llamar a las cosas por su nombre finalizará el juego.

El fin de la oposición manifiesta

¿Cómo podemos saber que hemos logrado vencer la oposición manifiesta y que esta fase de la ruptura está realmente superada? Habitualmente lo sabremos por la conducta de nuestra pareja. Existen dos situaciones características. Nuestra pareja puede desarrollar la actitud de que no éramos lo suficientemente buenos como para ocupar un primer lugar en su vida. Esta actitud puede sernos muy beneficiosa de hecho. Es una señal de que nuestra pareja ha encontrado una forma de salvar las apariencias para salir del paso. Al desarrollar una actitud de superioridad, ya no contempla la idea de aparecer como un perdedor en el caso de finalizar la relación. Cuanto más nos mire por encima del hombro, más seguros podemos estar de que la oposición directa se ha terminado.

Una segunda reacción suele ser un cambio espectacular a nivel del carácter. Nuestra pareja puede volverse inesperadamente hacia la religión o descubrir repentinamente las posibilidades de volver a disfrutar de la vida de soltero. Ambas reacciones son muy comunes, pero existen otras variantes.

No debemos bajar la guardia bajo ningún concepto. La conversión religiosa podría estar al servicio de transmitir el mensaje de: "¿Cómo puedes dudar de que he cambiado de verdad? ¿No ves que finalmente he vuelto a reconciliarme con Dios?" El redescubrimiento de los gozos de la vida de soltero también podría estar al servicio de transmitir el mensaje de: "No te precipites. Cabe la posibilidad de que conozca a otra persona. Si de repente sentaras la cabeza y quisieras volver, podría darse el caso de que ya me hubiese comprometido con otra persona". No nos dejemos engañar.

El fin de una relación y los hijos

Puede aparecer muchísima culpa asociada a la ruptura de una relación en el caso de haber hijos de por medio y especialmente si son menores de edad. Por lo general se piensa que las familias formadas por los dos padres son mejores para los hijos que los hogares con un solo progenitor. Se supone que el hogar formado por los dos padres constituye un entorno más sano. Pero, ¿y si el entorno no es sano? Recordemos que, por encima de todo, los padres les enseñan y ejemplifican a sus hijos lo que éstos acaban definiendo como normal. De modo que debemos preguntarnos si queremos enseñarles a nuestros hijos a definir la infelicidad como el estado normal dentro de una relación de pareja.

Es fácil que nos traguemos el anzuelo de la culpa cuando pensamos en el bienestar de nuestros hijos. Es preciso que veamos mucho más allá de la situación inmediata y alcancemos a divisar el panorama más general. Tenemos que obligarnos a mantener cierta disciplina en base a analizar lo que verdaderamente es mejor a largo plazo.

Como ya vimos, los propios hijos tendrán probablemente un interés en que los padres sigan juntos. Recordemos que esta existencia familiar es todo lo que conocen y que la perspectiva de cambiar puede asustarles. Han acabado por adaptarse a las áreas conflictivas que les afectan más directamente y es perfectamente natural que se resistan a un cambio tan fundamental en su vida. Ello puede aumentar la sensación de culpabilidad en la persona que decide separarse. Esta es la razón de que sea tan necesario no perder de vista el panorama general y lo que realmente es mejor para todas las personas implicadas. ¿Queremos enseñarles a nuestros hijos que deben convertirse en unas víctimas durante el resto de su vida, o que cuando cometan un error deben tratar de corregirlo?

Existe otra cuestión relacionada con los hijos. Si somos los únicos que queremos finalizar la relación y nuestra pareja quiere seguir adelante, ésta puede tratar de presentarnos como el malo de la película e intentar que los hijos se alíen con ella en la lucha por salvar el hogar. Esto es muy difícil de combatir. ¿Cómo le explicamos a nuestros hijos que, aunque estamos dando por finalizada la estructura familiar tal y como es actualmente, no somos el malo de la película y no tenemos ninguna intención de abandonarles? Dos son los puntos claves en los que debemos concentrarnos: primero, que nuestro amor por nuestros hijos no ha disminuido lo más mínimo. Antes bien, es muy probable que su bienestar forme parte de nuestra decisión de dar por finalizado nuestro matrimonio. El otro punto clave es que no vamos a acabar con la familia sino a reestructurarla de una forma más sana. Seguirá habiendo una familia. Los hijos seguirán teniendo dos padres y tendrán acceso a ambos. Se trata simplemente de que los adultos se están separando porque no están funcionando bien juntos. Puede que los hijos no comprendan esto en un principio, pero a medida que se vayan adaptando a la nueva situación es de esperar que comprueben que no han perdido a sus padres en absoluto. Lo que realmente han perdido es la atmósfera tensa y estresante que existía cuando sus padres vivían juntos.

Convertir a los hijos en meros instrumentos dentro de una lucha entre adultos es algo singularmente perverso. No deberíamos consentir que nadie saliera impune de semejante manipulación. Desgraciadamente, suele ocurrir con demasiada frecuencia. Nuestra mejor defensa, en el caso de que veamos que esto mismo es lo que nos está sucediendo, es no mezclarnos en ello. Es importante comprender que este tipo de manipulación funciona ante todo con los hijos más pequeños. La mayoría de los adolescentes han captado lo que realmente está pasando entre sus padres y no se dejan engañar tan fácilmente.

Los manipuladores deberían saber que algún día sus conductas se volverán contra ellos. Los hijos crecen. Cuando lleguen a la edad en la que el razonamiento abstracto entre en ebullición, comprenderán lo que les hicieron y entonces se enfadarán.

Si somos los receptores de la manipulación, mantengámonos firmes. Aunque nuestros hijos parezcan estar en nuestra contra mientras los están manipulando, cuando comprendan lo que les están haciendo, volverán a nosotros. Por ello es tan importante que no entremos en el juego de la manipulación. Podemos ser honestos y podemos defendernos, pero no queremos que nos pongan en el mismo saco que al manipulador cuando el enfado de nuestros hijos haga acto de presencia. Dejemos el pabellón bien alto.

Prepararnos para quedar en libertad

Son, pues, muchos los obstáculos, la mayoría de ellos predecibles. Hagamos nuestros deberes para casa y recabemos la información y los conocimientos necesarios para separarnos con el menor número de problemas y de pérdidas posibles. Si estamos casados, ello significará probablemente divorciarnos. Hay algunos abogados que no cobran la primera consulta. Aprovechémonos de este servicio. Podemos informarnos en muy poco tiempo de qué es lo que podemos esperar en el caso de divorciarnos o de separarnos, de las cuestiones y las normas relacionadas con la custodia, la manutención de los hijos, las posibles pensiones que haya que pasar, la forma de hacer el reparto de bienes, si podemos seguir beneficiándonos del seguro médico y demás. Dicha consulta, sea o no gratuita, puede servir para quitarle muchísimo misterio y tal vez muchísima ansiedad a los pasos que vengan a continuación.

Lo siguiente que tenemos que hacer es concebir un plan. Tal vez tengamos que buscarnos un sitio donde vivir. Podemos quedarnos en casa de un amigo o un pariente, pero sólo por un período breve. Lo mejor suele ser no contar con quedarse en casa de alguien durante mucho tiempo. Si pretendemos dejar a nuestra pareja, solicitar el divorcio, hacerle frente a la oposición manifiesta y demás factores complicantes que puedan venir asociados a nuestra liberación, tendremos que soportar una cantidad enorme de tensión. Los trastornos que podamos ocasionar en otra casa, otra familia y otro estilo de vida no pueden ser estimados objetivamente de antemano y no queremos generar tensiones en nuestras relaciones con los amigos o los familiares. De modo que, por muy acogedores que éstos puedan mostrarse, lo mejor es que nuestra estancia sea breve.

Si pensamos abandonar la relación yéndonos de casa, planifiquémoslo con la suficiente antelación para que podamos ahorrar el dinero necesario para pagar un mínimo de dos meses de alquiler, y luz, agua y demás en un apartamento razonable, junto con los alimentos y demás necesidades. En la mayoría de los apartamentos la fianza suele equivaler a un mes de renta. Deberíamos contra con un fondo de seguridad de un mes completo.

Si existen hijos de por medio y queremos que continúen con nosotros, lo mejor suele ser solicitar el divorcio inmediatamente e incluir dentro de la solicitud la custodia temporal y el derecho a permanecer en el hogar familiar. Cuando el deterioro de una relación ha llegado a este punto, lo mejor es pensar en términos prácticos y no tanto sentimentales. Uno de los mayores errores que podemos cometer en esta etapa de nuestra liberación es sentirnos culpables y responsables, y pretender que todo debería ser "justo". Es muy probable que la otra persona esté furiosa y buscando la forma de herirnos y de hacer que volvamos. Tenemos que mantener la sensatez. Pensemos en términos prácticos y de futuro. Vamos a tener que sobrevivir y que seguir adelante con nuestra propia vida.

La primer mala noche

Hay algo más que debemos preparar con antelación –la primera mala noche. La primera noche real puede ser de alivio y euforia. Pero la primera mala noche vendrá después; podemos darlo por hecho. Es la noche en que estamos acostados y de repente nos asaltan todas las dudas del mundo. Todas las cosas que podrían torcerse parecen dominar de repente nuestros pensamientos. Algunas de las cosas y de los planes que habíamos dado por sentado pueden estar saliéndonos del revés. Surgirán problemas imprevistos. No podemos preverlo todo ni estar prepararnos de antemano para todas las contingencias posibles. Podemos sentirnos muy temerosos e inseguros. Podemos cuestionar todas las decisiones que hemos tomado y todos los supuestos sobre los que habíamos basado nuestras decisiones. En momentos como este, todo parece tambalearse.

Es importante saber que la primera mala noche es normal. Lo anormal sería no pasar por algo así hasta cierto punto. A fin de cuentas, hemos optado por el Gran Interrogante. ¿Por qué no habríamos de pasar por un período de enormes dudas? Las vueltas que podamos darle a la cuestión de lo prudente de habernos marchado suelen basarse en nuestro conocimiento de que habríamos podido sobrevivir dentro de la relación controladora, de que por lo menos ésta era un terreno conocido.

Este es un momento en el que nuestra fe en nosotros mismos se pondrá a prueba. Son muchos los que han llegado hasta aquí, han dejado al controlador y han empezado a titubear cuando surgen estas últimas dudas. Podemos convertirnos en nuestro peor enemigo. Podemos volver a recaer, negar el conocimiento que habíamos ganado al salir de la relación controladora y anular las conclusiones a las que habíamos llegado acerca de lo que necesitamos para vivir libremente. Podemos escuchar a otras personas que tienen sus propios intereses y asumir sus sugerencias como si éstas quisieran únicamente lo mejor para nosotros. Este es el momento en el que podemos sentirnos más solos, más abandonados y más inseguros. Puede que cuestionemos nuestra voz interior, aunque ésta sea el espíritu mismo que estamos esforzándonos por liberar. Este es el momento de la fe en nosotros mismos, que es lo único que nos ayudará a salir de este trance.

Este momento de duda es decisivo. Es un momento en el que podemos sentir la necesidad de tener a otra persona en nuestra vida. Pero debemos estar seguros de que podemos valernos por nosotros mismos –esto es, confiar únicamente en nuestros propios recursos y no depender de la ayuda de nadie– antes de que podamos tener la certeza de que estamos en condiciones de emprender otra relación. De hecho, esta es la única forma de relacionarse y seguir siendo libres. Todo lo que no sea esto corre el riesgo de derivar en otra experiencia de control. Este momento de autodesconfianza es absolutamente natural; lo importante es cómo reaccionemos frente a ello.

La primera mala noche tiene un objetivo. Marca el inicio de nuestra comprobación para demostrarnos que realmente podemos valernos por nosotros mismos. Todo el mundo debería tener la oportunidad de vivir como un adulto independiente. Muchísimas personas pasan directamente de vivir con sus padres a casarse y, como consecuencia, jamás llegan a enterarse de cuánta capacidad de supervivencia tienen realmente. El mundo fuera de su refugio seguro les parece algo misterioso e inquietante. Las personas que salen de casa y viven algunos años solos como adultos independientes aprenden lo fácil que puede ser la vida si toman unas pocas decisiones lógicas y elementales y ejercitan una cierta dosis de autodisciplina. Al final estas personas son mucho menos dependientes de sus parejas y, en razón de ello, están mucho menos dispuestas de buen grado a ser controladas.

Si vivimos solos por primera vez o si ha pasado mucho tiempo desde que vivimos solos por última vez, o si nuestras circunstancias han cambiado espectacularmente desde entonces, las palabras de aliento sin más no van a sernos de mucha ayuda. Seguimos teniendo que pasar por ello. Debemos analizar objetivamente el problema de nuestra economía, por ejemplo. Debemos analizar el panorama global de nuestra supervivencia. Tenemos que hacer una lista de las cosas que con toda certeza debemos hacer y darle prioridad a los elementos de dicha lista. Necesitaremos disponer de una programación, de una rutina diaria que nos ayude a hacer todo lo que tengamos que hacer.

También tendremos que luchar contra la paralización que podamos sentir desarrollarse dentro de nosotros y dejar a un lado la autodesconfianza. Tendremos que ponernos manos a la obra. A fin de cuentas, estamos en una guerra en la que nosotros mismos somos el objetivo y los únicos que podemos defendernos. Si hay hijos viviendo con nosotros, tendremos que tomar en consideración sus miedos e inseguridades. Tendremos que parecerles fuertes y seguros. Tenemos una batalla muy práctica por delante y todo nuestro interior puede estar vociferando exclusivamente para intentar sabotear todas las iniciativas. La vida sólo puede ir a mejor en la medida en que no nos demos por vencidos.

Quién deja a quién

Podemos pensar que hay más hombres controladores que mujeres controladoras, pero este no es el caso. Las personas controladas dentro de las relaciones de pareja son tanto hombres como mujeres. De hecho, es más probable que sean hombres los que estén tratando de salir adelante por su propia cuenta, yéndose a vivir a apartamentos extraños, teniendo que comprar lo esencial para vivir independientemente y demás. En muchos casos de separación suele haber hijos de por medio y la mayoría de las veces son las madres las que tienen la custodia temporal y se quedan con la casa. De modo que es más probable que la mayoría de quienes tienen que empezar de nuevo sean hombres, y no mujeres. Tal vez los hombres que abandonan una relación controladora lo tengan más difícil que las mujeres en su misma situación. Tal vez se queden más paralizados ante la primera mala noche. Reconozcámoslo, en la mayoría de las familias los aspectos prácticos del día a día los organizan y los llevan las mujeres. Suelen ser las mujeres quienes se encargan de las comidas, de las compras y de sacar adelante las rutinas cotidianas. Esto significa que a los hombres puede serles más difícil organizar los elementos básicos asociados al proceso de vivir independientemente. Este proceso de liberación no es fácil para nadie.

Si la primera mala noche supone tocar fondo, ¿cuánto puede llevarnos volver a salir a flote? Será más leve si tenemos un trabajo que nos brinda los ingresos necesarios para mantenernos a nosotros y a nuestros hijos, en el caso de que vivan con nosotros. Si no disponemos de una fuente de ingresos, podemos solicitar una prestación temporal para los hijos (o para el cónyuge) con objeto de ir tirando hasta estar legalmente divorciados. Tal vez tengamos que recurrir a nuestros propios padres para que nos mantengan transitoriamente. En el peor de los casos, podemos recurrir a la asistencia pública para la cuestión del alojamiento, la alimentación, la búsqueda de empleo o los programas de formación. La ayuda está ahí, pero tenemos que encontrarla. Ha llegado el momento de que empecemos a asumir el control de nuestra propia vida.

Con quién podemos contar

Llega el momento en que tenemos que averiguar quién, de entre nuestros amigos y familiares, nos ha abandonado y con quién podemos contar. Una vez que hayamos identificado a nuestros aliados, debemos averiguar cuál podría ser la mejor forma de ayudarnos. La clave del trato con los aliados consiste en depender de ellos lo menos posible, pero no vacilar en pedirles ayuda cuando la necesitemos en algunas áreas específicas. Si, por ejemplo, tenemos que salir a enterarnos de las posibles ayudas sociales, tal vez algún amigo pueda cuidar de los hijos mientras nos pateamos las calles. Alguien puede acogernos excepcionalmente para pasar una noche, pero a la mañana siguiente nos corresponde a nosotros buscar una solución a más largo plazo al problema del alojamiento.

Cuando estamos empezando a ser independientes, es importante que no nos apoyemos excesivamente en los demás. Es evidente que no pretendemos abusar de su hospitalidad. Pero, y lo que es más importante, debemos empezar a consolidar dentro de nosotros mismos la sensación de que en lo sucesivo somos nosotros los que marcaremos nuestro propio rumbo. Tenemos que ser conscientes de que llevamos el timón. Nos conviene tener algunos éxitos iniciales que nos brinden la confianza para seguir adelante. Ello no sucederá si confiamos demasiado en que los demás nos hagan las cosas.

Aquí viene algo a recordar. El mundo exterior no es tanto frío y cruel como simplemente impersonal. A la mayoría de la gente le trae sin cuidado lo que nos pueda pasar. Están tan inmersos en sus propias vidas que no prestan atención a lo que hagamos. Esto puede parecernos inquietante, pero de hecho es algo positivo. Si nadie está pendiente de nosotros, entonces somos esencialmente libres de hacer lo que queramos con nuestra vida. Podemos ser libres en un mundo impersonal.

Ninguna mala suerte se está cebando en nosotros. No estamos en un entorno hostil. No hay ningún destino intentando arrastrarnos de nuevo al controlador. Por lo general el entorno suele ser neutral. Por lo general somos nosotros mismos los artífices de nuestra suerte. Gran parte de lo que llamamos suerte en realidad es el producto de cómo planificamos las cosas. Ciertamente, existen excepciones. Estará ese tren con retraso que nos hará perder el tiempo suficiente como para que nos quiten de las manos aquel apartamento perfecto y de un precio tan razonable que tanto queríamos quedarnos. Es cosa nuestra cómo interpretemos un evento semejante. Pero lo cierto es que no tenemos ningún enemigo rondando por ahí y tratando de sabotearnos, al margen de nuestro antiguo controlador, aunque podamos sentirlo así cuando las cosas se pongan difíciles.

Para ser realistas, es posible que nuestro antiguo controlador también tenga algunos aliados interesados en hacernos volver. Dichos aliados pueden incluso ser personas que pensábamos que se pondrían de nuestro lado cuando iniciamos la separación. Puede haber por ahí personas muy bien intencionadas que podrían tratar de sabotear nuestros esfuerzos por ser libres y que podrían incluso conseguirlo, convencidos de que lo hacen absolutamente por nuestro propio bien.

Pero es posible que nuestra mayor amenaza seamos nosotros mismos. Si estamos aterrados, confundidos y dubitativos respecto de qué hacer para establecernos por nuestra cuenta, tendremos problemas. Si nos centramos en nuestra soledad más que en nuestra libertad, estaremos sentando las bases para volver a caer en lo mismo. Recordemos los ciclos del control. Si dudamos de nosotros mismos, si lo Conocido nos resulta más atractivo que el Gran Interrogante, corremos el riesgo de brindarle al controlador la señal para retomar el control de daños. Habrá algunas veces en que la reincorporación al antiguo ciclo del control pueda parecernos la opción más atractiva.

Pasar a la acción ayuda

Este es nuestro momento de vulnerabilidad y debemos combatirlo con la acción. Encontrar un sitio donde quedarnos, asegurarnos unos ingresos, hacer un presupuesto, concebir un plan a largo plazo, conseguir ayudas legales: todo esto nos ayudará a ganar la confianza de que podemos vivir una vida sin control. La vida no es realmente tan difícil una vez que la analizamos en sus principales componentes. Hay ciertas cosas que necesitamos para salir adelante en nuestra sociedad y existen formas de obtenerlas. Pero también hay unos pasos que debemos de seguir.

El mero hecho de dejar atrás la relación controladora no es realmente lo que nos libera. La libertad es un estado de la mente. Es tener el conocimiento cierto de que no necesitamos la supervisión ni las directrices de ninguna otra persona para valernos por nosotros mismos en este mundo. Es saber que tenemos un lugar en la vida que nos corresponde por derecho. Es saber que podemos "pertenecer", pero no somos una posesión; que queremos participar, pero no queremos que nos ordenen o nos dirijan; que podemos vivir de acuerdo con nuestras propias reglas en la medida en que éstas no vulneren la vida y las reglas de los demás. Es saber que disponemos de un sitio único que nos es propio dentro del orden general de cosas y que mandamos en nuestro propio destino.

El precio de esta libertad puede ser extremadamente alto. Depende de dónde vengamos y de qué debamos hacer para llegar a donde queremos ir. El precio de la libertad varía de una persona a otra, de una circunstancia a otra. El único factor en común es el gozo de la libertad una vez que finalmente la hemos alcanzado. Cada una de las personas que se embarque en esta empresa tendrá una situación diferente que afrontar. Las dificultades serán diferentes. La intensidad de la lucha y el nivel de oposición variarán según los casos. Pero el objetivo es siempre el mismo. Tenemos el sagrado deber de hacernos libres. Es la única forma de poder ser y avanzar verdaderamente. Es la única forma de poder vivir como personas verdaderamente íntegras.

Ejercicio: Prepararnos para ser libres

Este capítulo se ha centrado en la serie de cosas que tendremos que hacer si decidimos dejar una relación. Dependiendo del tiempo que hayamos estado en dicha relación y de lo dependientes de nuestra pareja que nos hayamos vuelto, esto puede resultarnos difícil o relativamente fácil. En cualquier caso, lo mejor es planificarlo de antemano. Este ejercicio pretende ayudarnos a organizar el proceso si nos estamos preparando para marcharnos. Debería ayudarnos a desarrollar un plan de acción lógico y global.

Enumeremos las siguientes áreas en distintas páginas de nuestro libro de notas: sistema de apoyo, alojamiento, ingresos, presupuesto, transporte, cuidado de los hijos. A continuación tratemos de planificar cómo vamos a abordar cada una de ellas.

La categoría del sistema de apoyo puede parecer extraña, pero tal vez sea la más importante. Las personas que nos apoyarán pueden ayudarnos en muchas cosas, como la oposición manifiesta y las malas noches. Puede haber ciertamente alguna sorpresa reservada. No todos los que aparezcan en la lista van a ponerse necesariamente de nuestro lado, pero tratemos de reflexionar sobre ello lo mejor que podamos. Pongamos en primer lugar a los amigos y parientes y después tachemos a los que no es probable que vayan a ayudarnos. No nos olvidemos de los organismos sociales que puedan ser de utilidad. Por ejemplo, algunas agencias de servicios humanitarios ofrecen cuidados diarios.

Hagamos otro tanto con la cuestión del alojamiento. ¿Dónde viviremos inicialmente? ¿Qué es lo que podemos permitirnos? ¿Cómo vamos a encontrar una vivienda? ¿Cuánto necesitaremos para empezar y cuánto tiempo nos llevará ahorrar el dinero necesario?

Procedamos de igual modo con cada una de las restantes categorías. A continuación, pasemos a la acción. Miremos los anuncios clasificados, vayamos a ver algunos apartamentos, informémonos de los costes iniciales de la luz, agua y demás, hagamos un presupuesto de acuerdo con la información recabada. Planifiquemos cómo nos moveremos y quién cuidará de los niños cuando estemos trabajando. Comprobaremos que nos sentiremos bien planificando todo esto. Nos hará sentirnos menos temerosos e inseguros.

La gente suele tomar decisiones y después pasar a la acción sin más. Esto puede ser un error. Lo mejor suele ser, especialmente cuando se trata de decisiones fundamentales que pueden cambiarnos la vida, desarrollar un plan antes de llevar a la práctica una decisión. El otro propósito de este ejercicio es ayudarnos a no precipitarnos, prepararnos convenientemente y minimizar el dolor de la transición.

8

CÓMO RELACIONARNOS Y SEGUIR SIENDO LIBRES

Si vivimos en una relación controladora o acabamos de salir de una, tal vez nos preguntemos si verdaderamente es posible tener una relación que no esté basada en el control. Tal vez nos preguntemos: "¿Se puede tener realmente una relación de pareja y seguir siendo libre?" Es evidente la facilidad con la que se desarrollan las relaciones controladoras, incluso entre las personas que desean evitarlas.

La mayoría de las personas quieren ser libres y no desean vivir en una relación controladora. Pero existe otra verdad que se aplica igualmente a casi todo el mundo. La mayoría de la gente quiere sentirse relacionada. Hay algo dentro de nosotros, algo profundamente arraigado en nuestro ser que nos mueve a desear vincularnos. No se trata de algo lógico, ni tampoco de algo físico. Podríamos decir más bien que se trata de una necesidad espiritual. El espíritu quiere ser libre y al mismo tiempo estar relacionado.

Antes de poder relacionarnos con otra persona y entablar una relación sana, tenemos algunas tareas por hacer. Hasta ahora hemos hablado de que el cambio debe empezar por dentro y de la importancia de recuperar nuestro propio *self*. En esencia, ello supone recobrar la fe en nosotros mismos y librarnos de la creencia en nuestra supuesta incapacidad. Pero si estamos saliendo de una relación controladora, éste es sólo el primer paso.

Seguimos teniendo unos hábitos relacionales que hemos venido desarrollando durante nuestra permanencia en la relación controladora. Si no los abandonamos, estos hábitos pueden volver a salir a la superficie cuando iniciemos una nueva relación.

Abandonar los viejos hábitos

No estaremos preparados para entablar una nueva relación hasta que no hayamos logrado recuperarnos de la relación controladora que mantuvimos anteriormente. Esto es muy importante si pretendemos evitar iniciar una nueva relación que evolucione en dirección a convertirse en un reflejo de la que acabamos de dejar atrás. Debemos anular los hábitos que adoptamos cuando participábamos en el juego del control. Existe el peligro real de que, de seguir con las viejas pautas de conducta, podamos volver a iniciar un proceso de control. También debemos ser capaces de evitar cualquier tentación de convertirnos en unos controladores (antes de que nuestra nueva pareja tenga la oportunidad de controlarnos a nosotros). Tenemos que acabar totalmente con la relación anterior y con todo lo que ésta nos hizo –y con todo lo que nos hicimos a nosotros mismos– antes de que podamos adentrarnos sanamente en una nueva relación.

Puede que esto no sea fácil y necesitemos un tiempo. Hemos de analizar los factores negativos que surgieron a lo largo de la relación controladora. Hemos de analizar lo que nos hicimos a nosotros mismos con objeto de sobrevivir dentro del control. ¿Qué concesiones personales hicimos? ¿En qué sentido y de qué forma nos vendimos para apaciguar a nuestra pareja? Recordemos que las concesiones personales implican sacrificar una parte de nosotros mismos. Es preciso que volvamos a estar íntegros antes de entablar otra relación. Debemos sentirnos seguros respecto de nuestra capacidad de movernos libremente dentro de una relación que esté exenta de control. Si nos inquieta la posibilidad de volver a hacer concesiones personales, llevaremos la incertidumbre a nuestra próxima relación y continuaremos perjudicando nuestra autoestima.

Las concesiones personales pueden ser más perjudiciales que los malos tratos o el control externo. Viene a ser algo así como si una parte de nosotros mismos traicionase a otra parte. Gran parte de nuestro desarrollo personal tiene que ver con aprender a defendernos a nosotros mismos y no hacer concesiones personales contraproducentes. Pero otra parte de este desarrollo, si pretendemos ser realmente sanos, consiste en aceptar que no somos perfectos y que puede que hayamos tomado alguna que otra mala decisión.

Soluciones de compromiso versus concesiones contraproducentes

Al principio confiábamos en nosotros mismos. La vida era aparentemente muy sencilla. Comenzamos con una visión muy concreta, en blanco y negro, de la vida y sólo con el tiempo empezamos a discernir las diferentes graduaciones del gris. Con esta pérdida de la inocencia vinieron las soluciones de compromiso.

No tiene vuelta de hoja. Para existir en un mundo lleno de otros muchos seres vivos, las soluciones de compromiso son una parte necesaria de la vida. Los seres humanos adoptamos estos compromisos para coexistir lo más cómodamente posible. Conducimos por el carril de la derecha con objeto de coexistir pacíficamente con el resto de los conductores. Este tipo de compromisos es beneficioso para todos. Son compromisos que tienen por objeto extraer un orden del caos potencial. La alternativa, a fin de cuentas, consistiría en exigir el derecho a conducir por donde nos viniera en gana.

Pero cuando comprometemos nuestro propio espíritu, hacemos algo más que coexistir: alteramos nuestra propia existencia interior. Equivaldría a algo así como renunciar a nuestro derecho a conducir para que los demás puedan llegar a donde tengan que ir. El compromiso de vivir en un entorno que esclaviza el espíritu va mucho más lejos. Elegir vivir en un entorno despreciativo, elegir hacer cosas con las que no estamos de acuerdo con objeto de evitar un enfrentamiento con otra persona, elegir sacrificar cosas que son importantes para nosotros –todos estos son ejemplos de concesiones del espíritu.

Cuando hacemos este tipo de concesiones, algo cambia dentro de nosotros. No perdemos nuestro espíritu, pero sí la fe en nosotros mismos.

Para entablar una nueva relación y no volver a caer en los viejos hábitos, es preciso restablecer dicha confianza, dicha sensación interna de seguridad. Tal vez hayamos ganado en sabiduría, en el sentido de que, dado que nos sucedió una vez, sabemos que puede volvernos a suceder. Pero esperemos que también hayamos ganado la conciencia necesaria para intentar evitar que nos vuelva a suceder.

Una paciente llamada Jane había pasado anteriormente por varias relaciones que incluyeron malos tratos físicos. Actualmente vive una relación con una persona muy amable. Se trata de un hombre que sencillamente es incapaz de maltratar a una mujer. Este ha sido un gran paso para ella, pero en lugar de disfrutar de la relación está poniendo a prueba a su pareja casi constantemente. Parece que Jane estuviera tratando de demostrar (a ella misma o a su pareja, no está claro) que este hombre acabará siendo igual que "el resto de los hombres de mi vida". Este hombre se encuentra en una situación imposible y el constante "poner a prueba" por parte de Jane están perjudicando la relación.

La mujer de este ejemplo necesita trabajar sus propias cosas. Necesita superar los malos tratos que sufrió y también el daño que éstos pudieron hacerle. Necesita comprender lo que le sucedió internamente y cómo le sucedió. Sólo cuando empiece a volver a confiar en ella misma, podrá volver a confiar en otra persona.

Tiempo de curación

Hay excepciones a todo, especialmente en lo tocante a los seres humanos, pero casi todas las personas que han vivido en una relación controladora y han logrado salir necesitan algún tiempo, y muy probablemente solos, para sanar y volver a apreciar las cosas objetivamente. Para volver a entablar una relación y evitar el control no basta con ser un espíritu libre, hace falta saber cómo defender esta libertad. Hace falta recobrar el propio visto bueno. Hace falta recobrar la fe sencilla e infantil en nosotros mismos y en nuestra valía innata. Hace falta que volvamos a tener una seguridad básica en nosotros mismos.

Superar una relación controladora significa deshacerse de las defensas y de la actitud defensiva que podamos haber tenido que desarrollar con objeto de sobrevivir. Tenemos que recuperar cierta inocencia. El mero hecho de que nuestro marido fuera un canalla no significa que todos los hombres sean unos canallas. El mero hecho de que nuestra mujer nos manipulara no quiere decir que todas las mujeres sean unas manipuladoras. Necesitamos recobrar una visión equilibrada y objetiva de las cosas.

Recuperar la inocencia perdida no es lo mismo que volver a caer en la ingenuidad. Debemos aprender de nuestras experiencias pasadas; la cuestión es no permitir que el pasado nos vuelva ciegos al presente. Ciertamente, debemos ser cautelosos con los rasgos conflictivos de las personas que nos atraen y con las cosas que nos puedan rondar por dentro y que nos ciegan. Pero también debemos ser justos con la persona que venga después. No podemos prejuzgar a la persona del presente sobre la base de las personas del pasado o de lo contrario nos volveremos unos cínicos y unos solitarios.

Ciertamente, seguirán habiendo riesgos en el futuro. Esto puede resultar muy inquietante pero, dicho lisa y llanamente, el hecho es que no podremos desarrollar ninguna relación si no asumimos riesgos. Existe una tendencia natural a ponernos en guardia cuando nos han hecho daño. Mark Twain decía que un gato que se ponga encima de una estufa encendida jamás volverá a hacerlo –pero tampoco se volverá a poner jamás encima de una estufa apagada. No tenemos la menor intención de ser como ese gato. Es posible que nos hayamos quemado, pero debemos recobrar la fe en las personas o de lo contrario no seremos capaces de darle una oportunidad legítima a una nueva persona.

Algunas personas pueden reflexionar por sí solas sobre la forma de alcanzar esta serenidad personal y otras necesitarán alguna ayuda externa. Una vez más, ello depende en gran medida de lo que hayamos tenido que soportar. Al margen de que debamos recurrir o no a alguna ayuda del exterior, necesitaremos invertir tiempo y energías en este proceso de curación, si pretendemos adentrarnos con confianza en una nueva relación.

Libertad y compromiso

Cuando volvamos a sentirnos bien con nosotros mismos, con lo que somos y con lo que no somos, todo será más fácil. Una vez que tengamos una percepción clara de lo que pretendemos de una relación y reconozcamos que somos lo bastante valiosos como para poder resistir hasta que aparezca la persona adecuada, nos sentiremos mejor con las relaciones en general. Una vez que estemos preparados para empezar a buscar, buscaremos una relación que pueda ser amorosa y al mismo tiempo estar exenta de control.

Lo que queremos de una relación es un puerto seguro para nuestro espíritu –un lugar al que podamos llamar nuestro hogar. Si somos conscientes y estamos plenamente al cargo de nuestra propia vida, sabremos lo bastante como para escoger el lugar apropiado. En cierto sentido, nos estamos alistando en un servicio. A cambio de dedicarle nuestro tiempo y nuestras energías a la relación, dispondremos de un arraigo espiritual. Todos tenemos raíces en algo, al margen de que lo hayamos elegido así o no. La necesidad de un arraigo espiritual es ciertamente universal.

Ser libres no significa necesariamente ser libres de hacer constantemente lo que nos venga en gana. Pero cuando elegimos comprometernos sentimentalmente, lo hacemos libremente. Sabemos que estamos renunciando a cierta dosis de libertad a cambio de otra cosa. Cuando las personas se alistan en el ejército, por ejemplo, renuncian igualmente a cierta dosis de libertad. El alistamiento militar significa que dejaremos de ser libres durante los próximos años. El ejército es muy claro a este respecto. De hecho, los militares ya no son dueños de sí mismos; literalmente pertenecen al gobierno.

Pero cuando las personas se alistan en el ejército, también están actuando voluntariamente. Están convencidos de que tienen un deber para con su país. A muchos de ellos no les gusta el precio, en términos de sacrificio de la individualidad, que tienen que pagar para alcanzar el nivel de obediencia que el ejército requiere. Pero la cuestión es que están donde están por elección. Continúan siendo libres en su interior.

Cuando establecemos un compromiso sentimental con otra persona, no echamos raíces en la otra persona, de igual modo que el militar no echa raíces en el gobierno. Son las ideas –y no las personas o las instituciones– las que nos arraigan. Desgraciadamente, en el terreno de las relaciones de pareja, demasiada gente se arraiga en la idea del control.

Arraigarnos en el amor

En términos generales, este libro se ha centrado en que aprendamos a desarraigarnos del concepto de control. Liberarnos fue un proceso largo y complicado, pero fue principalmente un proceso mental. Para ser libres es necesario rechazar el concepto del control como una forma de vida. Una vez hecho esto, podremos ser libres. Seguiremos necesitando arraigarnos, pero podremos hacerlo en el seno de una relación que haga las veces de un hogar seguro y que al mismo tiempo nos permita seguir siendo libres.

Comprometerse en una relación a largo plazo es, por supuesto, absolutamente diferente de alistarse en el ejército. En este caso no existe ningún período específico de alistamiento y, por supuesto, los términos de la relación son totalmente diferentes. Esperamos recorrer un camino de igual a igual con nuestra pareja. El alistamiento en el ejército también es una actividad relativamente pasiva. Hacemos un contrato con el gobierno para satisfacer un conjunto muy específico de obligaciones.

Pero no cabe pasividad alguna en las relaciones humanas. Nuestra elección de permanecer en una relación es constante y activa. Podemos objetar y decir que un matrimonio también es un contrato, supuestamente de por vida, pero este no es realmente el caso. Las personas no se inmovilizan –y la relación no se inmoviliza– en el momento de casarse. A medida que vivimos y crecemos, vamos cambiando y la relación va cambiando junto con nosotros. Así pues, la naturaleza de este tipo de contrato, esto es, de una relación de pareja, debe ser constantemente reafirmada mientras las dos partes sigan juntas. Esta es la razón de que el matrimonio constituya una labor tan ardua y no pueda darse por sentado o por supuesto sin más.

Recordemos igualmente que el control constituye un proceso gradual que no sucede en un día, ni una semana, ni incluso un año. La mayoría de las veces se desarrolla tan lentamente que la persona controlada no advierte lo que está sucediendo hasta mucho después de que la trampa del control haya sido desplegada. Pero incluso sin necesidad de referirnos específicamente al control, todas las relaciones cambian y evolucionan. Existen otras muchas cosas, además del control, que son inaceptables y que pueden hacer que una persona opte por no reafirmar su compromiso. Para ser nosotros mismos, para vivir de la forma que elijamos vivir y permanecer libres debemos conservar la opción de finalizar una relación cuando ésta se vuelva inaceptable.

Cómo hacernos libres a través del amor y del compromiso

Cuando dos personas trabajan realmente su relación, ésta debería volverse más firme, más íntima y más amorosa con el tiempo. Este es el sentido de crear una relación a largo plazo: evolucionar juntos y desarrollar algo que vaya a mejor con el paso del tiempo. Así pues, si pretendemos arraigarnos en algo que nos permita ser libres, ¿en qué podemos arraigar nuestro espíritu con confianza? Sólo hay una cosa que pueda servir realmente a este propósito, y es una relación amorosa. Para comprender esto verdaderamente, debemos revisar la naturaleza de una relación exenta de control.

Recordemos que son tres los prerrequisitos del amor. El primero de ellos es tener una confianza absoluta en nuestra pareja, saber que no hay nada malo en que seamos totalmente vulnerables a nuestra pareja y saber que ésta jamás nos hará daño intencionadamente. El segundo es respetar a nuestra pareja y ser respetados por ella a su vez. Es muy cierto que el respeto parece ser lo primero en desaparecer cuando una relación empieza a deteriorarse. El tercer prerrequisito del amor es la amistad; los amigos velan el uno por el otro, les encanta estar juntos y se hacen partícipes mutuamente.

Con estos prerrequisitos, existe realmente poco o ningún espacio para el control. La libertad mutua supone una base muy firme para la confianza, dado que cada uno de nosotros sabe que para que la elección de nuestra pareja sea digna de crédito, debe ser tomada libremente y no estar basada en el control, ni en la obligación, ni en ninguna otra razón de menos peso. Se trata de una decisión libre y, por lo tanto, de una decisión realmente valiosa. La libertad mutua constituye igualmente la base del respeto. Es muy difícil respetar a alguien que elige no ser libre. El controlador no respeta realmente a la persona controlada. El poder sobre otra persona es una fuerza corruptora. La persona que está siendo controlada tampoco respeta a su controlador. En el mejor de los casos, el sentimiento se transforma gradualmente en aversión porque existe una malignidad esencial en el acto de controlar. Finalmente, si nuestra pareja es también nuestro mejor amigo, desearemos únicamente lo mejor para ella. La naturaleza misma de la amistad exige que cada una de las partes elija libremente ser amigo de la otra. Si éste no es el caso, entonces no cabe hablar verdaderamente de amistad.

El amor incondicional

Una relación de pareja debe basarse en el amor incondicional, en amar a una persona tal cual es. Este amor debe incluir mente, cuerpo y espíritu. Pero amar a otra persona de esta forma supone trabajar arduamente para salvaguardar su libertad. Tratar de controlar a alguien es tratar de convertirlo en una persona diferente de la que es. Aun en el caso de que no tratemos de cambiar ningún rasgo específico, el mero acto de controlar provoca un cambio. El amor, el amor auténtico e incondicional, incluye un compromiso con la libertad de la otra persona. Tiene que ser de esta forma, porque todo lo que no sea esto nos arroja a la senda del control y el control destruye el verdadero amor. Si tenemos una relación controladora, no estamos amando verdaderamente. Por mucho que alguien pueda alegar que está tratando de retener a alguien por amor, eso no es amor. Es inseguridad. El verdadero amor y el control son de hecho incompatibles.

El amor incondicional significa igualmente permitir que el otro evolucione. Queremos lo mejor para la persona a la que amamos, lo que es lo mismo que decir que queremos que esa persona avance y crezca todo lo que ello sea posible. Pero sabemos que no es nuestra labor determinar la forma en que otra persona necesita cambiar. Lo que esperamos es que, del mismo modo que cada uno de nosotros evolucionamos y nos convertimos en personas diferentes, la persona a la que amamos también evolucionará.

La comunicación respetuosa

Otro de los componentes de una relación sana es la comunicación respetuosa. Necesitamos comunicarnos respetuosamente para conservar la dignidad dentro de la relación. La falta de respeto es sencillamente intolerable. Pero existe otra forma de verlo. Si nuestra pareja es realmente libre, no tolerará la falta de respeto, y si nosotros somos libres, tampoco toleraremos la falta de respeto. La libertad conlleva un cierto grado de incertidumbre, lo que hace que las personas sean más cautelosas en la forma de tratarse los unos a los otros. No nos podemos permitir el lujo de darnos mutuamente por sentados, si verdaderamente somos libres.

Aceptar las diferencias

La aceptación de nuestras diferencias afecta a la esencia misma de la libertad dentro de una relación amorosa. Si reflexionamos sobre ello, lo que hace a las personas diferentes es esencialmente algo interno. Tenemos la opción de aceptar nuestra respectiva unicidad y originalidad o bien de rechazarla. Si elegimos rechazarla, ya no cabe decir que estemos arraigados en el amor.

Aprender el uno del otro

Aprendemos unos de otros a través de nuestras diferencias. Podemos tomar nuestras respectivas diferencias como objetivos para nuestro propio crecimiento. En terapia, la naturaleza complementaria de muchas parejas se hace cada vez más evidente. La mayoría de las veces, cada una de las partes dentro de la relación necesita acercar su posición a la del otro, con objeto de que cada uno de ellos pueda mejorar. Por ejemplo, si una persona muy ordenada entabla una relación con otra persona muy despreocupada y espontánea, el uno necesita relajarse y disfrutar más de la vida y el otro necesita hacerse más responsable. Todas las parejas tienen algo que enseñarse mutuamente. Esta idea de aprender el uno del otro genera la oportunidad definitiva de entablar una relación de cooperación.

Cooperación versus competición

Cuando dos personas quieren ser libres, la competición no tiene ningún sentido. Sin embargo nuestra cultura parece basarse en la competición como el estado normal dentro de las relaciones amorosas. Ahora bien, si crear y mantener una relación de cooperación tiene tanto sentido, ¿por qué no lo hacemos por sistema? Por utilizar el ejemplo mencionado anteriormente, la persona ordenada critica la espontaneidad de la persona despreocupada y ésta piensa que el otro es incapaz de divertirse. En lugar de aprender el uno del otro y acercarse mutuamente, las personas tratan de forzar a los demás a volverse como ellos. Sencillamente, no podemos malgastar el tiempo en competir. Cuando nos ponemos a competir, el espíritu huye de nuestra relación.

La felicidad en la felicidad mutua

Si amamos de verdad, lo más natural del mundo es compartir la felicidad de nuestra pareja. Tomemos, por ejemplo, la costumbre de hacer regalos. Los hacemos con motivo de los cumpleaños, por Navidad y en muchas otras ocasiones. A veces ni tan siquiera necesitamos tener un motivo para hacer un regalo. Hacemos regalos porque nos sentimos felices al contemplar la felicidad del otro.

Pero, ¿cómo pueden darse estos sentimientos si no somos libres? Si existen condiciones asociadas a la felicidad, ya no se trata de una felicidad real. Si regalamos algo por un sentido del deber, o si sentimos que tenemos que fingir que nos gusta un regalo, ya no sentimos felicidad en el momento de dar y recibir. La felicidad sólo puede experimentarse verdaderamente dentro de una atmósfera de libertad.

Aceptar la libertad de nuestra pareja

Se requiere muchísimo valor para aceptar realmente a nuestra pareja como un espíritu libre. Ello se debe a que el riesgo de perder a nuestra pareja es enorme. Pero debemos afrontar y aceptar la realidad –y la realidad es que los dos, nuestra pareja y nosotros, nos elegimos mutuamente cada día. Dicha elección puede ser un proceso activo y consciente o bien un proceso pasivo y no deliberado, pero tiene lugar de hecho. Esta es la razón de que la vivencia de inseguridad sea tan decisiva para el proceso del control. Cuando sentimos que no nos merecemos lo que tenemos es cuando tomamos precauciones para conservarlo. Podemos convertirnos en unos controladores aun en el caso de que hayamos sido los controlados en anteriores relaciones.

Recordemos que cuanto mayor sea nuestra aceptación de la libertad de nuestra pareja, mayor será la probabilidad de que ésta continúe eligiendo estar a nuestro lado. Si queremos ser libres y nuestra pareja también, tenemos algo verdaderamente básico en común. Aceptar la libertad de nuestra pareja y no hacer jamás conscientemente nada que pueda ponerlo en duda, supone el mayor elogio y la mayor prueba de amor que podemos dar. Del mismo modo, no podemos tener una relación sana sin esta aceptación.

Intimidad

No debería ser ninguna sorpresa que la verdadera intimidad necesita la libertad para existir y florecer. Cuando somos libres, obramos de acuerdo con dicha libertad y no cabe malinterpretar nuestras intenciones. Ser amados por alguien que elige amarnos libremente es la forma más sublime que el amor puede adoptar.

La intimidad es una actividad espiritual que la mayoría de las veces suele expresarse físicamente. Desde la perspectiva del que la recibe, sabemos cuándo nos la están ofreciendo libremente y cuándo estamos manipulando al otro con objeto de recibirla. La intimidad forzada tiene un algo de artificial que es imposible pasar por alto.

Evolucionar juntos

Tenemos que ser libres si queremos evolucionar, y si queremos evolucionar juntos tenemos que dejarle a nuestra pareja espacio para evolucionar. Obrando de este modo, no trataremos de controlarnos mutuamente.

Si decidimos lo que es mejor para nuestra pareja y tratamos de guiarla a lo largo del camino, no seremos de ninguna ayuda. En realidad, dicha actitud será más probablemente manipulación. A veces podemos pensar que lo que realmente necesita la otra persona es totalmente evidente. Esto constituye un error muy común pero fundamental. Además de aprender una gran lección de humildad, ganaremos enormemente en sabiduría si dejamos de creer que sabemos lo que le conviene a los demás.

Lo que sí podemos hacer con toda seguridad es alentar a nuestra pareja, aplaudirla y amarla incondicionalmente. Hemos de centrar nuestra atención en nuestra propia evolución; aquí es hacia donde debemos dirigir nuestros esfuerzos. Continuar avanzando nosotros mismos ya es lo bastante difícil. Con un poco de suerte, nos encontraremos con que tenemos una pareja que nos alienta, nos aplaude, nos ama incondicionalmente y no intenta canalizar nuestra evolución de acuerdo con sus propias concepciones.

Educar a los hijos conjuntamente

El primer capítulo de este libro se ocupó de la forma en que los niños pequeños son moldeados a través de la relación con sus padres. Más adelante analizamos cómo nuestros propios padres y demás factores presentes en nuestra vida nos fueron influenciando y ejerciendo un impacto negativo sobre nuestra autoestima.

Si somos padres, tenemos la gran responsabilidad y también la maravillosa oportunidad de ayudar a nuestros hijos a mantener una autoestima saludable y a que aprendan a valorarse a sí mismos por lo que son. Junto con nuestra pareja, tenemos que funcionar como un equipo educativo con el fin de ser los mejores padres para nuestros hijos.

Obviamente, los padres no son lo único que influye en el desarrollo de los hijos. Pero a través de nuestra labor de educación tenemos ciertamente la oportunidad de intentar equipar a nuestros hijos contra los escollos y los peligros con los que se encontrarán fuera de nuestra área de influencia y más adelante en la vida. Jamás se insistirá lo suficiente sobre la importancia de esta oportunidad. No hay nada más sagrado que tener un hijo y tener la oportunidad de ayudar a dicho hijo a emprender su propio camino.

Para que nuestra eficacia sea máxima, debemos compartir el mismo propósito con nuestra pareja. Tenemos que estar de acuerdo en nuestras estrategias educativas. Juntos podemos contribuir a desarrollar la confianza dentro de nuestros hijos. Podemos amarlos incondicionalmente, incluso cuando los castigamos y les enseñamos los valores que queremos que hagan suyos. Podemos enseñarles a aceptar sus imperfecciones y a no exigirse lo imposible. Podemos enseñarles a evitar que los insultos de los demás traspasen los límites de la confianza en ellos mismos. Es mucho lo que podemos hacer por ellos.

Al alentar a nuestros hijos a aceptar sus imperfecciones, no estamos sugiriendo en absoluto que renuncien a competir o que dejen de esforzarse por mejorar. Más bien todo lo contrario. Todos tenemos el deber de luchar por alcanzar nuestro máximo potencial. Tenemos el derecho a hacer nuestros mejores esfuerzos por sobresalir y competir legítimamente con los demás en los retos que elijamos libremente. Pero existe una gran diferencia entre esforzarnos por superarnos y tratar de ser lo que no somos.

Podemos darle a nuestros hijos un empujón en su intento por llegar a sus metas. Podemos con toda seguridad ayudarles a dejarnos atrás. ¿Qué puede haber mejor que saber que nuestros hijos van a superarnos? El solo hecho de que pudiéramos ahorrarles algunas de las batallas por las que nosotros hemos tenido que pasar para llegar a donde nos encontramos, ya sería todo un logro. A dónde se desplacen desde el punto de partida que les ofrecemos es realmente cosa de ellos. Pero al menos tenemos la oportunidad de intentar hacerles las cosas más fáciles para que puedan llegar a su destino.

Y con ello el presente libro ha recorrido de hecho un círculo completo. Ha partido de analizar el desarrollo de la vivencia de inseguridad para continuar con el proceso de adentrarse en las relaciones controladoras, la lucha que se requiere para salir de ellas, el proceso de desarrollar unas relaciones libres de control y el proceso de mantener nuestra libertad dentro de una relación hasta llegar, por último, al paso final: cómo transmitir la idea de ser libres de por vida a la siguiente generación. Muchas personas emplean años en luchar por recobrar su libertad. Pensemos en lo que los adultos del mañana podrían lograr si les mostrásemos la forma de evitar esta lucha. Pensemos en la alegría interior que sentiríamos si tuviésemos la oportunidad de contemplar a nuestros hijos ahorrarse todo el dolor y todos los pesares que nosotros tuvimos que soportar.

No se puede pedir más.

EPÍLOGO

Acabamos de hacer juntos un largo viaje. Al principio tenía el propósito de que ello nos permitiera alcanzar dos objetivos. El primero era que supiésemos realmente que no estamos solos, que existen otras muchas personas luchando por encontrarse a sí mismas bajo el peso de una falta básica de fe en ellas mismas y de la cada vez más profunda sensación de empobrecimiento personal que en tan gran medida forma parte del control. La otra cosa que esperaba que pudiésemos ver es que la formación de una relación controladora constituye un proceso que tiene lugar entre dos personas. Quería que comprendiésemos que, dado que se trata de un proceso, podemos cambiarlo e incluso darle la vuelta. Puede que nos sintamos totalmente bajo el poder y el dominio de otra persona, pero lo cierto es que el control sólo puede funcionar si seguimos participando en el proceso.

Son muchas las personas que han hablado conmigo acerca de su situación. Muchas de ellas estaban convencidas de que no tenían nada que hacer y de que no disponían de ninguna otra opción. Algunos habían desarrollado unas magníficas racionalizaciones que les ayudaban a mantener su creencia en su propia indefensión. Algunos incluso se rindieron a esta creencia. Es cierto que cada circunstancia es diferente. Algunas personas están en peores condiciones que otras. Muchas de ellas se han rendido a la tiranía económica y tienen la impresión de que no pueden introducir ningún cambio porque jamás se podrán permitir el lujo de vivir por su propia cuenta. Otros se han convencido a sí mismos de que no tienen nada que hacer porque existen hijos de por medio. Son muchas las razones que las personas desarrollan para sentirse atrapadas por sus controladores. Pero el elemento esencial del control continúa siendo no obstante que éste funcionará únicamente si las dos partes, el controlador y el controlado, participan en la relación controladora. Esto es difícil de creer, especialmente en el caso de que el hábito del control esté profundamente arraigado dentro de la relación, pero sin embargo es cierto.

Si vivimos en una relación controladora y realmente queremos liberarnos, podemos hacerlo. Si queremos ser quienes éramos cuando iniciamos nuestra andadura por la vida, podemos serlo. Pero debemos estar dispuestos a luchar en favor de nosotros mismos. Para ello debemos estar convencidos de que somos dignos de luchar por ello, de que nos lo merecemos. Existe también un precio que igualmente debemos estar dispuestos a pagar. No puedo predecir cuál va a ser ese precio. Tal vez exista alguna fórmula que podamos descubrir algún día y que permita equiparar el nivel de permanencia en el control y el precio que cabe esperar por lograr salir de él. Pero, por el momento, lo único que puedo afirmar es que este precio varía de una situación a otra.

Lo cierto es que si vencer una relación controladora fuese gratuito e indoloro no habríamos leído este libro. En última instancia, todo ello se reduce meramente a una cuestión de fe –si verdaderamente nos creemos que nos merecemos la libertad personal y que nos merecemos una relación sana que no esté basada en el control, también tendremos que creer que las respuestas, y los medios, vendrán a nosotros.

Serendipity

DIRECTOR: CARLOS ALEMANY

1. *Relatos para el crecimiento personal.* CARLOS ALEMANY (ED.). (6ª ed.)
2. *La asertividad: expresión de una sana autoestima.* OLGA CASTANYER. (24ª ed.)
3. *Comprendiendo cómo somos. Dimensiones de la personalidad.* ANA GIMENO-BAYÓN. (5ª ed.)
4. *Aprendiendo a vivir. Manual contra el aburrimiento y la prisa.* ESPERANZA BORÚS. (5ª ed.)
5. *¿Qué es el narcisismo?* JOSÉ LUIS TRECHERA. (2ª ed.)
6. *Manual práctico de P.N.L. Programación neurolingüística.* RAMIRO J. ÁLVAREZ. (5ª ed.)
7. *El cuerpo vivenciado y analizado.* CARLOS ALEMANY Y VÍCTOR GARCÍA (EDS.)
8. *Manual de Terapia Infantil Gestáltica.* LORETTA ZAIRA CORNEJO. (5ª ed.)
9. *Viajes hacia uno mismo.* FERNANDO JIMÉNEZ HERNÁNDEZ-PINZÓN. (2ª ed.)
10. *Cuerpo y Psicoanálisis. Por un psicoanálisis más activo.* JEAN SARKISSOFF. (2ª ed.)
11. *Dinámica de grupos. Cincuenta años después.* LUIS LÓPEZ-YARTO. (6ª ed.)
12. *El eneagrama de nuestras relaciones.* MARIA-ANNE GALLEN - HANS NEIDHARDT. (5ª ed.)
13. *¿Por qué me culpabilizo tanto?* LUIS ZABALEGUI. (3ª ed.)
14. *La relación de ayuda: De Rogers a Carkhuff.* BRUNO GIORDANI. (3ª ed.)
15. *La fantasía como terapia de la personalidad.* FERNANDO JIMÉNEZ HERNÁNDEZ-PINZÓN. (2ª ed.)
16. *La homosexualidad: un debate abierto.* JAVIER GAFO (ED.). (3ª ed.)
17. *Diario de un asombro.* ANTONIO GARCÍA RUBIO. (3ª ed.)
18. *Descubre tu perfil de personalidad en el eneagrama.* DON RICHARD RISO. (6ª ed.)
19. *El manantial escondido. La dimensión espiritual de la terapia.* THOMAS HART.
20. *Treinta palabras para la madurez.* JOSÉ ANTONIO GARCÍA-MONGE. (10ª ed.)
21. *Terapia Zen.* DAVID BRAZIER. (2ª ed.)
22. *Sencillamente cuerdo. La espiritualidad de la salud mental.* GERALD MAY.
23. *Aprender de Oriente: Lo cotidiano, lo lento y lo callado.* JUAN MASIÁ.
24. *Pensamientos del caminante.* M. SCOTT PECK.
25. *Cuando el problema es la solución.* RAMIRO J. ÁLVAREZ. (2ª ed.)
26. *Cómo llegar a ser un adulto.* DAVID RICHO. (3ª ed.)
27. *El acompañante desconocido.* JOHN A. SANFORD.
28. *Vivir la propia muerte.* STANLEY KELEMAN.
29. *El ciclo de la vida: Una visión sistémica de la familia.* A. BELART - M. FERRER. (2ª ed.)
30. *Yo, limitado. Pistas para descubrir y comprender nuestras minusvalías.* MIGUEL ÁNGEL CONESA.
31. *Lograr buenas notas con apenas ansiedad.* KEVIN FLANAGAN.
32. *Alí Babá y los cuarenta ladrones. Cómo volverse verdaderamente rico.* VERENA KAST.
33. *Cuando el amor se encuentra con el miedo.* DAVID RICHO. (3ª ed.)
34. *Anhelos del corazón. Integración psicológica y espiritualidad.* WILKIE AU - NOREEN CANNON.
35. *Vivir y morir conscientemente.* IOSU CABODEVILLA. (4ª ed.)
36. *Para comprender la adicción al juego.* MARÍA PRIETO URSÚA.
37. *Psicoterapia psicodramática individual.* TEODORO HERRANZ.
38. *El comer emocional.* EDWARD ABRAMSON (2ª ed.)
39. *Crecer en intimidad. Guía para mejorar las relaciones interpersonales.* JOHN AMODEO - KRIS WENTWORTH (2ª ed.)
40. *Diario de una maestra y de sus cuarenta alumnos.* ISABEL AGÜERA.
41. *Valórate por la felicidad que alcances.* XAVIER MORENO.
42. *Pensándolo bien... Guía práctica para asomarse a la realidad.* RAMIRO J. ÁLVAREZ.
43. *Límites, fronteras y relaciones. Cómo conocerse, protegerse y disfrutar de uno mismo.* CHARLES L. WHITFIELD.
44. *Humanizar el encuentro con el sufrimiento.* JOSÉ CARLOS BERMEJO.
45. *Para que la vida te sorprenda.* MATILDE DE TORRES. (2ª ed.)
46. *El Buda que siente y padece. Psicología budista sobre el carácter, la adversidad y la pasión.* DAVID BRAZIER.
47. *Hijos que no se van. La dificultad de abandonar el hogar.* JORGE BARRACA.
48. *Palabras para una vida con sentido.* Mª. ÁNGELES NOBLEJAS (2ª ed.)
49. *Cómo llevarnos bien con nuestros deseos.* PHILIP SHELDRAKE.

50. *Cómo no hacer el tonto por la vida.* LUIS CENCILLO. (2ª ed.)
51. *Emociones: Una guía interna. Cuáles sigo y cuáles no.* LESLIE S. GREENBERG. (3ª ed.)
52. *Éxito y fracaso. Cómo vivirlos con acierto.* AMADO RAMÍREZ.
53. *Desarrollo de la armonía interior.* JUAN ANTONIO BERNAD.
54. *Introducción al Role-Playing pedagógico.* PABLO POBLACIÓN y ELISA LÓPEZ.
55. *Cartas a Pedro. Guía para un psicoterapeuta que empieza.* LORETTA CORNEJO.
56. *El guión de vida.* JOSÉ LUIS MARTORELL.
57. *Somos lo mejor que tenemos.* ISABEL AGÜERA.
58. *El niño que seguía la barca. Intervenciones sistémicas sobre los juegos familiares.* GIULIANA PRATA, MARIA VIGNATO y SUSANA BULLRICH.
59. *Amor y traición.* JOHN AMODEO.
60. *El amor. Una visión somática.* STANLEY KELEMAN.
61. *A la búsqueda de nuestro genio interior:* KEVIN FLANAGAN.
62. *A corazón abierto.Confesiones de un psicoterapeuta.* F. JIMÉNEZ HERNÁNDEZ-PINZÓN.
63. *En vísperas de morir. Psicología, espiritualidad y crecimiento personal.* IOSU CABODEVILLA.
64. *¿Por qué no logro ser asertivo?* OLGA CASTANYER Y ESTELA ORTEGA. (3ª ed.)
65. *El diario íntimo: buceando hacia el yo profundo.* JOSÉ-VICENTE BONET, S.J. (2ª ed.)
66. *Caminos sapienciales de Oriente.* JUAN MASIÁ.
67. *Superar la ansiedad y el miedo. Un programa paso a paso.* PEDRO MORENO. (5ª ed.)
68. *El matrimonio como desafío.* KATHLEEN R. FISCHER y THOMAS N. HART.
69. *La posada de los peregrinos. Una aproximación al Arte de Vivir.* ESPERANZA BORÚS.
70. *Realizarse mediante la magia de las coincidencias. Práctica de la sincronicidad mediante los cuentos.* JEAN-PASCAL DEBAILLEUL y CATHERINE FOURGEAU.
71. *Psicoanálisis para educar mejor.* FERNANDO JIMÉNEZ HERNÁNDEZ-PINZÓN.
72. *Desde mi ventana. Pensamientos de autoliberación.* PEDRO MIGUEL LAMET.
73. *En busca de la sonrisa perdida.* JEAN SARKISSOFF.
74. *La pareja y la comunicación.* PATRICE CUDICIO y CATHERINE CUDICIO.
75. *Ante la enfermedad de Alzheimer. Pistas para cuidadores y familiares.* MARGA NIETO.
76. *Me comunico... Luego existo.* JESÚS DE LA GÁNDARA.
77. *La nueva sofrología. Guía práctica para todos.* CLAUDE IMBERT.
78. *Cuando el silencio habla.* MATILDE DE TORRES.
79. *Atajos de sabiduría.* CARLOS DÍAZ.
80. *¿Qué nos humaniza? ¿Qué nos deshumaniza?* RAMÓN ROSAL.
81. *Más allá del individualismo.* RAFAEL REDONDO.
82. *La terapia centrada en la persona hoy.* DAVE MEARNS y BRIAN THORNE.
83. *La técnica de los movimientos oculares.* FRED FRIEDBERG.
84. *No seas tu peor enemigo... ¡...Cuando puedes ser tu mejor amigo!* A.-M. MCMAHON.
85. *La memoria corporal. Bases teóricas de la diafreoterapia.* LUZ CASASNOVAS.
86. *Atrapando la felicidad con redes pequeñas.* IGNACIO BERCIANO. CON LA COLABORACIÓN DE ITZIAR BARRENENGOA (2ª ed.)
87. *C.G. Jung. Vida, obra y psicoterapia.* M. PILAR QUIROGA.
88. *Crecer en grupo. Una aproximación desde el enfoque centrado en la persona.* BARTOMEU BARCELÓ.
89. *Automanejo emocional. Pautas para la intervención cognitiva con grupos.* ALEJANDRO BELLO, ANTONIO CREGO.
90. *La magia de la metáfora. 77 relatos breves para educadores, formadores y pensadores.* NICK OWEN.
91. *Cómo volverse enfermo mental.* JOSÉ LUÍS PIO ABREU.
92. *Psicoterapia y espiritualidad. La integración de la dimensión espiritual en la práctica terapéutica.* AGNETA SCHREURS.
93. *Fluir en la adversidad.* AMADO RAMÍREZ VILLAFÁÑEZ.
94. *La psicología del soltero: Entre el mito y la realidad.* JUAN ANTONIO BERNAD.
95. *Un corazón auténtico. Un camino de ocho tramos hacia un amor en la madurez.* JOHN AMODEO.

96. *Luz, más luz. Lecciones de filosofía vital de un psiquiatra.* BENITO PERAL.
97. *Tratado de la insoportabilidad, la envidia y otras "virtudes" humanas.* LUIS RAIMUNDO GUERRA.
98. *Crecimiento personal: Aportaciones de Oriente y Occidente.* MÓNICA RODRÍGUEZ-ZAFRA (ED.).
99. *El futuro se decide antes de nacer. La terapia de la vida intrauterina.* CLAUDE IMBERT.
100. *Cuando lo perfecto no es suficiente. Estrategias para hacer frente al perfeccionismo.* MARTIN M. ANTONY - RICHARD P. SWINSON.
101. *Los personajes en tu interior. Amigándote con tus emociones más profundas.* JOY CLOUG.
102. *La conquista del propio respeto. Manual de responsabilidad personal.* THOM RUTLEDGE.
103. *El pico del Quetzal. Sencillas conversaciones para restablecer la esperazanza en el futuro.* MARGARET J. WHEATLEY.
104. *Dominar las crisis de ansiedad. Una guía para pacientes.* PEDRO MORENO, JULIO C. MARTÍN. (2ª ed.)
105. *El tiempo regalado. La madurez como desafío.* IRENE ESTRADA ENA.
106. *Enseñar a convivir no es tan difícil. Para quienes no saben qué hacer con sus hijos, o con sus alumnos.* MANUEL SEGURA MORALES. (2ª ed.)
107. *Encrucijada emocional. Miedo (ansiedad), tristeza (depresión), rabia (violencia), alegría (euforia).* KARMELO BIZKARRA. (2ª ed.)
108. *Vencer la depresión. Técnicas psicológicas que te ayudarán.* MARISA BOSQUED LORENTE.
109. *Cuando me encuentro con el capitán Garfio... (no) me engancho. La práctica en psicoterapia gestalt.* ÁNGELES MARTÍN Y CARMEN VÁZQUEZ.
110. *La mente o la vida. Una aproximación a la Terapia de Aceptación y Compromiso.* JORGE BARRACA MAIRAL.
111. *¡Deja de controlarme! Qué hacer cuando la persona a la que queremos ejerce un dominio excesivo sobre nosotros.* RICHARD J. STENACK.

Serie MAIOR

1. *Anatomía Emocional.* STANLEY KELEMAN. (4ª ed.)
2. *La experiencia somática.* STANLEY KELEMAN. (2ª ed.)
3. *Psicoanálisis y Análisis Corporal de la Relación.* ANDRÉ LAPIERRE.
4. *Psicodrama. Teoría y práctica.* JOSÉ AGUSTÍN RAMÍREZ. (3ª ed.)
5. *14 Aprendizajes vitales.* CARLOS ALEMANY (ED.). (10ª ed.)
6. *Psique y Soma. Terapia bioenergética.* JOSÉ AGUSTÍN RAMÍREZ.
7. *Crecer bebiendo del propio pozo.* CARLOS R. CABARRÚS, S.J. (9ª ed.)
8. *Las voces del cuerpo.* CAROLYN J. BRADDOCK.
9. *Para ser uno mismo. De la opacidad a la transparencia.* JUAN MASIÁ CLAVEL
10. *Vivencias desde el Enneagrama.* MAITE MELENDO. (3ª ed.)
11. *Codependencia. La dependencia controladora. La depencencia sumisa.* DOROTHY MAY.
12. *Cuaderno de Bitácora, para acompañar caminantes.* CARLOS R. CABARRÚS. (4ª ed.)
13. *Del ¡viva los novios! al ¡ya no te aguanto!* EUSEBIO LÓPEZ (2ª ed.)
14. *La vida maestra. El cotidiano como proceso de realización personal.* JOSÉ MARÍA TORO.
15. *Los registros del deseo. Del afecto, el amor y otras pasiones.* CARLOS DOMÍNGUEZ (2ª ed.)
16. *Psicoterapia integradora humanista.* ANA GIMENO-BAYÓN Y RAMÓN ROSAL.
17. *Deja que tu cuerpo interprete tus sueños.* EUGENE T. GENDLIN.
18. *Cómo afrontar los desafíos de la vida.* CHRIS L. KLEINKE.
19. *El valor terapéutico del humor.* ÁNGEL RZ. IDÍGORAS (ED.). (2ª ed.)
20. *Aumenta tu creatividad mental en ocho días.* RON DALRYMPLE.
21. *El hombre, la razón y el instinto.* JOSÉ Mª PORTA.
22. *Guía práctica del trastorno obsesivo compulsivo (TOC). Pistas para su liberación.* BRUCE M. HYMAN Y CHERRY PEDRICK
23. *La comunidad terapéutica y las adicciones.* GEORGE DE LEON
24. *El humor y el bienestar en las intervenciones clínicas.* WALEED A. SALAMEH Y WILLIAM F. FRY
25. *El manejo de la agresividad. Manual de tratamiento completo para profesionales.* HOWARD KASSINOVE Y RAYMOND CHIP TAFRATE

Este libro se terminó
de imprimir
en los talleres de
RGM, S.A., en Bilbao,
el 20 de septiembre de 2005.